SAINT ALPHONSE

ET SON PREMIER

CENTENAIRE.

Histoire du Culte du Saint Docteur,

PAR LE R. PÈRE DUMORTIER,

DE LA CONGRÉGATION DU TRÈS SAINT RÉDEMPTEUR.

Avec des Exercices de Piété en l'honneur du Saint.

Paris
Libr. Internationale Catholique
Rue Bonaparte, 66

Leipzig
L.-A. Kittler, Commissionnaire
Querstrasse, 34

H. Casterman
Éditeur Pontifical, Imprimeur de l'Évêché
Courtrai

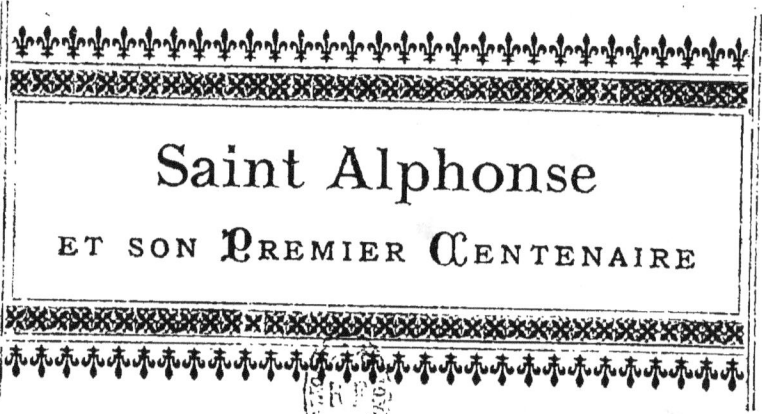

Saint Alphonse

ET SON PREMIER CENTENAIRE

Approbations.

En vertu des pouvoirs qui nous ont été communiqués par notre Révérendissime Père Général, et vu le rapport favorable de deux théologiens de notre Congrégation, chargés d'examiner l'ouvrage du P. Dumortier, intitulé : *Saint Alphonse et son premier centenaire,* nous en permettons l'impression.

Saint-Nicolas-de-Port, le 20 Juin 1887.

C. ROSE, sup. prov

Imprimatur.

Tornaci, 2 Julii 1887.

J. HUBERLAND, can. cens. lib.

SAINT ALPHONSE

ET SON PREMIER

CENTENAIRE.

Histoire du Culte du Saint Docteur,

PAR LE R. PÈRE DUMORTIER,

DE LA CONGRÉGATION DU TRÈS SAINT RÉDEMPTEUR.

Avec des Exercices de Piété en l'honneur du Saint.

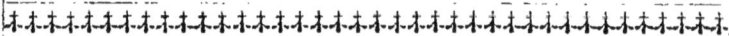

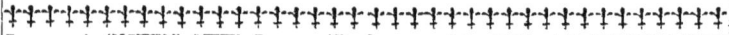

Paris   Leipzig
Libr. Internationale Catholique | L.-A. Kittler, Commissionnaire
Rue Bonaparte, 66   Queistrasse, 34

Vve H. Casterman
Éditeur Pontifical, Imprimeur de l'Évêché
Tournai
1887

Préface.

NE pieuse coutume s'est introduite depuis un certain nombre d'années : celle de fêter les centenaires des saints personnages que l'Église honore. Saint Hilaire de. Poitiers, saint Bruno, saint François d'Assise, saint Charles Borromée, sainte Thérèse, saint Philippe Bénizzi, saint Félix de Cantalice ont reçu cet hommage. Le premier centenaire de saint Alphonse ne pouvait dès lors passer inaperçu, l'influence exercée par ce grand Saint n'ayant fait que grandir depuis sa mort.

Saint Alphonse, en effet, comme plusieurs des Saints dont nous venons de parler, a laissé après lui plus que le souvenir de ses vertus. Il a laissé une œuvre, il a laissé des écrits. Son œuvre, c'est sa double Congrégation, toujours vivante et prospère. Ses écrits, ce sont les livres que prêtres et fidèles méditent à l'envi, et dont l'Église a maintes fois loué la sûreté de doctrine, la science profonde, l'admirable piété. La mémoire du saint Docteur est ainsi en honneur depuis plus d'un siècle auprès du peuple chrétien. Mais d'autres hommages lui ont été rendus : des associations ont été fondées sous le patronage de saint Alphonse; des églises lui ont été dédiées; divers écrits ont retracé sa longue et laborieuse carrière; les lieux et les objets qui rappellent son souvenir sont devenus l'objet d'un véritable culte.

N'est-il pas opportun de retracer brièvement l'histoire de ces diverses manifestations? Si les impies, à l'occasion du centenaire de leurs prétendus héros, s'efforcent de relever de toute façon la mémoire maudite de ces malfaiteurs, pourquoi ne recueillerions-nous pas précieusement les divers témoignages du culte rendu à un ami de Dieu, à un vrai bienfaiteur des-hommes, à un Saint? La piété filiale ne nous en fît-elle pas un devoir, nous assumerions cette tâche par respect pour l'humanité elle-même. Car enfin il est juste, il est beau, il est consolant de constater par les faits que le peuple ne se trompe pas autant qu'on le dit, et qu'il sait découvrir ses amis véritables. Aux philanthropes, son indifférence ou son oubli; aux écrivains pervers, son mépris et son dédain; aux Saints, son admiration, son respect, et les mille témoignages de son amour.

On trouvera donc dans ce petit livre les principaux détails qui peuvent intéresser les cœurs catholiques touchant le culte de saint Alphonse. On y

verra comment l'Église a glorifié celui qui la défendit avec une si admirable vigueur et qui la servit
avec tant de zèle ; comment le peuple chrétien a su
honorer celui qui lui consacra toutes ses veilles et
tous ses travaux.

Est-ce à dire que nous ayons épuisé le sujet qui
s'offrait à notre étude ? Nous ne le pensons pas, nous
ne l'avons même pas voulu. Certains détails sont en
effet trop connus, d'autres sont d'une nature trop
spéciale pour que nous ayons songé à les faire entrer
dans un travail destiné à tout le monde. Ce que
nous avons voulu, c'est tresser une humble couronne
en l'honneur de notre Bienheureux Père ; c'est montrer que sa mémoire est bénie dans le monde entier,
et qu'il le mérite ; c'est porter enfin les fidèles à
l'invoquer, et convertir en prière les pieux sentiments
que nous aurons pu faire naître dans leur cœur.

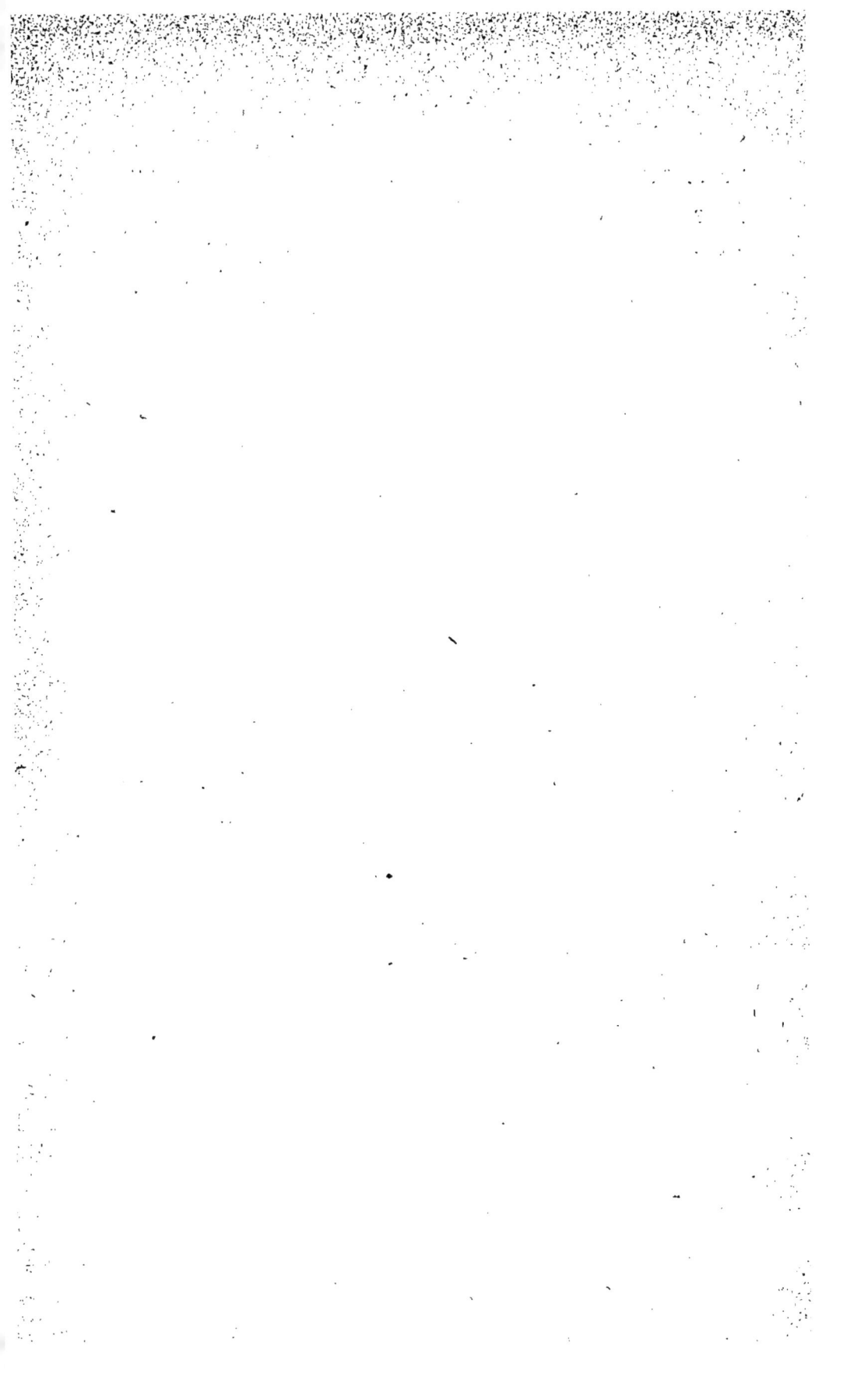

Première Partie

HISTOIRE DU CULTE DE SAINT ALPHONSE

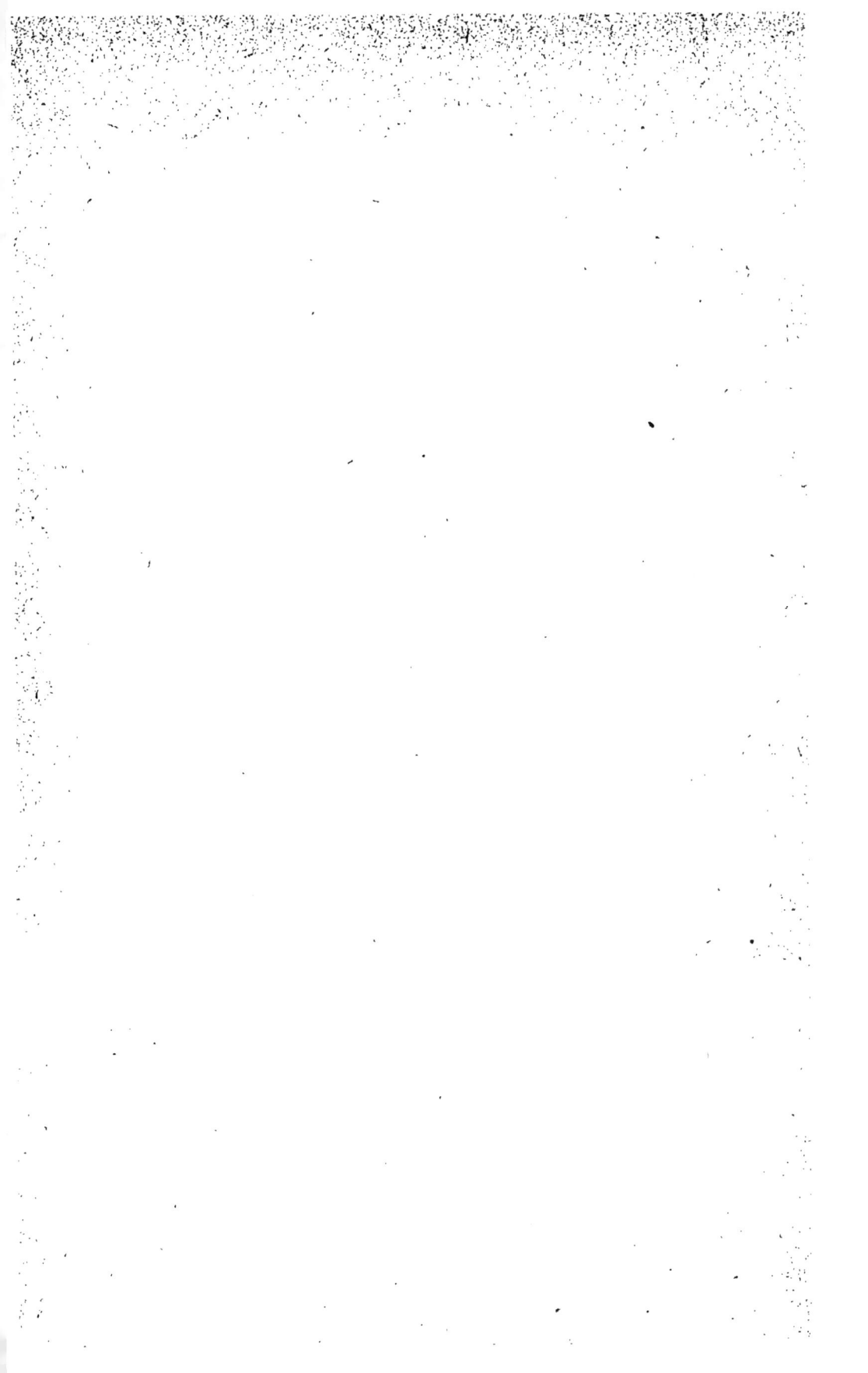

Chapitre Premier.

Mort de saint Alphonse (1ᵉʳ août 1787).

LE 29 juillet 1787, le frère qui soignait saint Alphonse dans sa dernière maladie, lui demanda s'il pouvait lui rendre encore quelque service. « Non, lui répondit le saint vieillard, tout est fini. » En effet, l'heure de la mort était venue pour lui, l'heure si terrible pour les pécheurs, l'heure si douce pour les Saints de Dieu.

Quoique très affaibli par l'âge, (il avait alors près de quatre-vingt-onze ans) et par la maladie, saint Alphonse avait néanmoins conservé la pleine possession de son intelligence. Son corps paraissait sommeiller ; mais son cœur, comme celui de l'Épouse des Cantiques, ne dormait pas. Pour lui rendre toute son activité, il suffisait de prononcer devant lui les noms sacrés de Jésus et de Marie, ou de lui présenter l'image d'un de ces chers Saints qu'il aimait tant à prier. Alors il ouvrait les yeux, contemplait amoureusement la sainte image, et répétait avec les assistants : « Jésus, Marie ! » Toutes les fois qu'on lui suggérait quelque sentiment pieux, il s'y associait de tout cœur et montrait par un signe ou par un mouvement des lèvres, qu'il avait parfaitement compris.

Pendant sa vie, trois objets avaient surtout passionné son cœur : Jésus, Marie, sa Congrégation. Ces trois objets de son amour furent sa souveraine consolation à ses derniers moments.

On offrait en effet tous les jours le saint sacrifice dans sa chambre, et il manifestait souvent le vif désir qu'il avait de communier. Jésus vint alors trouver celui qui l'avait tant aimé et tant fait aimer durant sa vie, et descendit une dernière fois dans le cœur de son fidèle serviteur. Saint Alphonse communia, « et une autre messe ayant été commencée, dit le P. Tannoia, il continua, quoique extrêmement abattu, à faire son action de grâces. Il balbutiait, et l'on ne put comprendre que ces mots : « C'est ainsi que j'espère. » Quelque temps après, il demanda distinctement son rosaire. Lorsqu'il l'eut, on le vit remuer les lèvres et parcourir les grains. »

Alors on lui présenta le crucifix. Il ouvrit les yeux, le regarda longtemps, puis le prit dans ses mains et le porta à ses lèvres. Il avait tant aimé le Dieu du Calvaire ! tant de fois il avait versé des larmes en méditant ses douleurs !

En ce moment, ses yeux s'arrêtèrent sur une image de Marie, et il se mit à la contempler d'un regard plein d'amour. Un jour qu'il s'abandonnait à ses sentiments de filiale tendresse envers sa Mère, il avait écrit ces touchantes paroles : « Quand je me trouverai dans les angoisses de la mort, ô Marie, mon espérance, ne m'abandonnez pas. Pardonnez-moi ma témérité, ô ma Souveraine ; venez alors me consoler vous-même par votre présence ; je désire, moi aussi, cette grâce que vous avez accordée à tant d'autres. Si ma hardiesse est grande, votre bonté est plus grande encore.[1] »

Or, le pieux serviteur de la Reine des cieux allait mourir, et Marie entend toujours les prières de ceux qui l'aiment. C'était sur le déclin du jour : le saint vieillard tenait en mains l'image de sa tendre Mère, quand tout à coup les deux Pères qui l'assistaient virent son visage s'enflammer et devenir tout resplendissant. Saint Alphonse souriait à l'image et lui parlait comme s'il eût eu devant les yeux quelque céleste apparition. Trois fois il fixa longuement ses regards sur cette image bénie, et trois fois recommença le mystérieux colloque avec la Reine des anges.

Oui, avec la Reine des anges ! Sans doute, Marie accorde cette suprême faveur à ses privilégiés. Et saint Alphonse ne fut-il pas toujours un privilégié de Marie ? Autrefois elle lui était apparue dans la grotte de Scala, lui ouvrant ainsi la carrière qu'il devait si noblement parcourir. Aujourd'hui, à plus de cinquante ans de distance, elle lui apparaît au terme de sa course : c'est la Mère de la divine espérance qui vient ouvrir le ciel au vieil athlète qui va mourir !

Maintenant l'heure du dernier combat peut sonner : près de Marie, saint Alphonse défie et la mort et l'enfer. L'agonie commença le soir du 31 juillet, et le saint

_____

(1) *Gloires de Marie.*

vieillard, dans les dernières étreintes de la douleur, devint incapable de prononcer une seule parole. Mais il entendait parfaitement; et son âme attentive et recueillie s'unissait avec joie aux pieuses affections qu'on lui inspirait, tandis que ses mains défaillantes cherchaient le crucifix. On le lui donna, et toute la nuit, il ne fit que baiser ces plaies qui avaient fait tout son espoir.

Le jour commençait à poindre. C'était le 1er août, la fête de saint Pierre-aux-Liens. Comme l'apôtre, saint Alphonse allait voir tomber les liens qui l'attachaient à la terre d'exil. Ses chers enfants, les membres de sa Congrégation, entouraient le lit du nouveau Jacob, priant et pleurant au moment où leur père allait rendre le dernier soupir. Ce fut pour lui la suprême consolation qu'il avait ardemment désirée. « O mon Dieu! avait-il écrit un jour, je vous remercie de ce qu'à l'heure de ma mort vous rassemblerez autour de moi mes chers frères de la Congrégation. Ils n'auront alors d'autre intérêt que celui de mon salut éternel, et ils m'aideront à bien mourir.[1] » Et ils étaient là tous selon le vœu qu'il avait formé.

Alors la mort s'avança, mais calme et tranquille, comme un ami qui vient chercher son ami. Saint Alphonse tenait en mains l'image de Marie, et ses enfants récitaient, en fondant en larmes, les invocations des litanies de la bienheureuse Vierge. Lui, sans secousse, sans convulsion, sans aucun symptôme de douleur, parut entrer dans un doux sommeil. C'était le sommeil de

---

(1) *Préparation à la mort.*

l'éternelle paix : *In pace in idipsum dormiam et requiescam*.

En ce moment, la cloche du couvent tintait l'*Angelus*. L'âme du Saint, portée par les anges, put dire l'*Ave Maria* près du trône de Marie.

En ce jour commençait aussi le célèbre Pardon d'Assise, la fête de sainte Marie-des-Anges, que saint Alphonse aimait tant. Ange de pureté, il était digne de faire cortège à la Reine des anges.

Et près de ce corps inanimé, tous pleuraient et disaient : La voilà donc fermée à jamais, cette bouche qui a si bien parlé de Dieu ! La voilà glacée, cette main qui a si bien écrit pour Dieu ! Ce cœur qui a tant aimé Dieu, il a donc pour toujours cessé de battre !

Mais les Saints ne meurent pas. Cette bouche n'a point cessé de parler, cette main n'a pas cessé d'écrire, ce cœur bat toujours pour la sainte Église de Dieu et pour le bien des âmes : celui qui ne chercha point la gloire un seul instant a trouvé la plus durable des gloires, et les écrits qui n'ont eu pour but que le bien des âmes ont valu à leur auteur la palme de Docteur de l'Église.

―――――――――――――――――――――――――

Chapitre Deuxième.

Portrait physique et portrait moral du Saint.

UN des hommes qui connurent le mieux saint Alphonse, nous voulons parler de son historien, le P. Antoine Tannoia, a tracé du saint Docteur le portrait suivant :

« Alphonse était de taille médiocre, assez gros de tête, et d'un teint vermeil. Il avait le front large, l'œil agréable et d'un bleu d'azur, le nez aquilin, la bouche petite et souriante. Sa barbe était épaisse, ses cheveux noirs ; il les portait courts et se les coupait souvent lui-même ; il était myope et se servait de lunettes ; mais il les ôtait toujours en chaire ou lorsqu'il parlait aux femmes. Sa voix était claire et sonore : quelque spacieuse que fût l'église et quelque longue que fût la mission, elle ne lui manqua jamais, et il la conserva forte jusque dans sa dernière vieillesse. Son port était imposant, ses manières tout à la fois graves et gracieuses ; enfin tout en lui concourait à le rendre aimable.

– Ses qualités naturelles étaient admirables. Son jugement subtil et pénétrant, sa mémoire prompte et tenace, son esprit précis et méthodique, font comprendre les succès qu'il obtint dans la carrière des sciences.

– Toute sa vie ne fut qu'une application continuelle ;

jamais on ne le vit s'occuper de choses indifférentes ni
même de matières plus curieuses qu'utiles.

» Il était entreprenant, mais non téméraire, et il
pesait toutes ses pensées. Il venait à bout de tout par sa
défiance de lui-même et sa confiance en Dieu. Toujours
d'humeur égale, l'adversité ne l'abattait point, et il ne
s'enorgueillissait pas dans le succès. Ennemi de tout air
impérieux, il priait plutôt qu'il ne commandait; mais
s'il était forcé de le faire, il savait être exigeant et ne
laissait pas la résistance impunie. Energique dans ses
réprimandes, il savait en adoucir l'amertume par sa
mansuétude. Il se faisait tout à tous. Tout en lui était
justice ; il ne punissait qu'à regret et remerciait celui
qui le reprenait lui-même. Né avec un tempérament
colère, la vertu le rendit un modèle de douceur. Toujours maître de lui-même, la passion ne pouvait le sur-
prendre : il ouvrait et fermait à son gré la porte de son
cœur. Impitoyable pour lui-même, tout de charité pour
autrui, il pratiquait tout ce qui résume le double caractère des Saints.[1]

A cette belle page du P. Tannoia, nous joindrons
quelques traits de l'humilité du Saint.

Saint Alphonse avait de lui-même une très basse opinion. Un des plus grands charmes que procure la lecture
de ses ouvrages, c'est de voir la simplicité qui y règne ;
le charme plus grand encore de sa conversation, c'était
l'oubli qu'il faisait de lui-même. Il n'aimait point les

---

(1) Tannoia. *Mémoires sur la vie et l'institut de saint Alphonse,*
tome III.

paroles, si souvent suspectes, par lesquelles on se déprécie aux yeux des autres ; mais il disait naïvement ce qu'il pensait de sa propre vie. Un religieux lui avait écrit un jour en louant sa vie exemplaire : « Mon Père, lui répondit-il, je vois tout le contraire : je vois que ma vie n'est ni bonne ni exemplaire, mais toute pleine de fautes : vous auriez parlé plus juste en disant que je trompe le monde. » Et il ajoutait ces paroles d'un accent si pénétrant et si vrai : « Je le confesse, mon très cher Père, je ne suis pas saint, mais bien un pauvre pécheur, et je tremble véritablement à la pensée du compte redoutable que je devrai rendre à Dieu pour avoir si mal répondu à ses miséricordes envers moi. » — Plus d'une fois, le Saint signait ses lettres de la manière suivante : *Alphonse, pauvre pécheur.* Une de ses oraisons jaculatoires favorites était : *Seigneur, ne m'envoyez point en enfer.* Et sur la fin de sa vie, comme on lui demandait un jour quel était son âge, il répondit : Quatre-vingt-neuf ans. — Dans ce cas, répondit-on, nous vous souhaitons encore de longues années. — Je le regretterais, répondit-il, car plus je vis, plus j'accrois le compte que j'aurai à rendre ; et moins je vivrai, plus je le rendrai léger.

Le Saint savait fort bien que sa qualité de fondateur, sa science prodigieuse et le bien qu'il opérait, devaient nécessairement lui attirer bien des hommages. Mais il savait répondre sévèrement à ceux qui osaient lui parler de ces qualités. Un jour (c'était en 1756), étant en proie à une grave maladie, il entendit un prêtre de sa congrégation lui dire : « Nous demandons à Dieu qu'il vous conserve encore un peu de temps en ce monde, car votre existence est nécessaire pour le bien de l'Institut. » Le Saint fut indigné de cette parole, qui semblera si naturelle. « Comment ! répondit-il avec vivacité, est-ce que je ne devrais jamais mourir? Suis-je par hasard nécessaire à la congrégation? Remerciez Dieu de ce que c'est demain le jour de votre première messe ; sinon, je vous interdirais de la célébrer. » Ceux qui s'étonneraient de cette verte réponse ne savent pas ce que c'est que l'humilité d'un Saint.

Parfois pourtant, saint Alphonse donnait une tournure différente à ses réponses. Un religieux de l'ordre des Pieux-Ouvriers vint le visiter durant cette même maladie de 1756, et lui dit : « Mon Père, je vous ai fait recommander aux prières de mes pénitents ; j'ai même prié Dieu d'abréger les années de ma vie et de les donner à Votre Paternité qui est si utile à sa congrégation. — Mon Père, lui répondit simplement saint Alphonse, vous avez fait là une sottise. »

Avouons-le, l'humilité du Saint avait à craindre un redoutable écueil. Sa science prodigieuse et la réputation qu'elle lui attirait n'étaient-elles point faites pour l'éblouir?

Disons-le nettement : la Providence lui suscita de nombreux contradicteurs, et l'on ne se fit pas faute (du moins les jansénistes) de mettre en doute son savoir. Mais ce fut à la fois le triomphe de sa science et de son humilité. Non seulement il répondit toujours à ses contradicteurs avec la plus grande modération ; il s'engageait encore à se rétracter publiquement si on lui

démontrait la fausseté de ses assertions. Quel charme,
après cela, d'entendre un des témoins de cette vie dire,
dans les termes suivants, ce qu'il avait vu : « Quand on
lui faisait des objections touchant les propositions qu'il
avançait, il résolvait avec une extrême mansuétude,
douceur et sainte gaieté, les difficultés qu'on lui oppo-
sait, sans jamais se servir d'expressions qui eussent
pu causer le moindre déplaisir à son contradicteur ; et
jamais il ne fit étalage de son talent et de sa doctrine :
il cédait volontiers, quand ce n'étaient point des choses
importantes, et pourtant il est de l'humaine condition de
ne point céder, suivant l'adage connu :

> Dans les disputes de science,
> Tous recherchent la préséance.[1] »

Un trait plus frappant encore est celui-ci : le
P. Alexandre de Meo avait publié une dissertation très
érudite sur l'interdiction des mauvais livres. Saint Alphonse, traitant le même sujet, voulut bien emprunter
à son disciple quelques arguments décisifs, mais il laissa
de côté bien des détails d'érudition ; et comme on lui
reprochait de les avoir omis : « Voudriez-vous, par
hasard, répondit-il, me faire passer pour savant ? » Et
pourtant, c'était à sa vaste science que l'on recourait de
toutes parts. De même, son humilité lui fit brûler une

(1)   *Nelle gare del sapere
Non è chi voglia cedere.*
Déposition du P. Mazzini au procès de canonisation. — *De virtu-
tibus,* p. 520.

immense quantité de lettres qui tournaient à sa louange, et comme l'Apôtre, il ne se glorifiait que de connaître Jésus-Christ crucifié.

On savait que Dieu avait déchiré plus d'une fois les voiles de l'avenir devant lui, et parfois l'on voulut recourir à cet esprit de prophétie. Mais sa réponse était invariable : *Je ne suis point prophète.* Un prince avait perdu son fils et désirait savoir si celui-ci était sauvé ou damné; il fait donc adroitement sonder l'opinion du saint Docteur; mais celui-ci répond simplement : « Il veut que je fasse le prophète? Écrivez-lui que le Seigneur a retiré du monde cet enfant pour sa plus grande gloire. » — Un autre jour, on voulut savoir si une élection tomberait sur telle ou telle personne religieuse. « Je ne suis point prophète, » répondit-il, et il adressa une forte réprimande à celui qui s'était fait l'intermédiaire d'une pareille curiosité. — Rappelons enfin ce mot si simple, mais si frappant, qu'il adressa un jour à un novice. Celui-ci lavait la vaisselle après le repas, et le Saint l'aidait dans cette humble occupation. Le bon novice, voyant qu'Alphonse ne reculait point devant les plats les plus malpropres, veut les lui enlever des mains, en prétextant qu'ils vont le salir. — « Est-ce que par hasard je vaudrais plus que vous? » lui répond doucement le saint Docteur; et il continue ce qu'il a commencé.

Tel était, dans sa conduite, l'homme qui avait dit un jour : « *Le moindre grain d'orgueil nous fait plus de mal que ne pourraient nous en causer tous les démons de l'enfer.* »

Chapitre Troisième.

Béatification de saint Alphonse (1816).

E saint Docteur avait à peine fermé les yeux que la piété filiale de ses enfants s'empressa de recueillir les témoignages propres à prouver sa sainteté. Les diocèses de Nocera et de Sainte-Agathe des Goths furent ainsi en mesure de fournir les graves et imposantes dépositions de *quatre-vingt-sept* témoins. Puis, les Princes de l'Église, les Rois de la terre, les Ordres religieux, les personnages les plus distingués, sollicitèrent par *quatre cent huit* suppliques, l'introduction de la *cause* près du Siège Apostolique. Après mûr examen, celui-ci se rendit à ces prières, et le 4 mai 1796, le Souverain Pontife Pie VI signait le décret d'*introduction* et approuvait la commission du tribunal chargé d'examiner cette grande cause. L'avocat ou défenseur était D. Hyacinthe Amici, dont nous parlerons plus bas; le promoteur de la foi, chargé de présenter et de faire valoir les objections, était Mgr Jérôme Napoléon. Par le fait même, le titre de *Vénérable* désigna dès lors le serviteur de Dieu aux hommages privés des fidèles.

Avant d'en venir à l'examen des vertus, on examina les écrits du Vénérable. Ceux-ci formaient un ensemble considérable : on a pu dire avec raison que c'était « *une bibliothèque entière*, *écrite par un seul homme.* - Trente-neuf volumes, comprenant une centaine d'ouvrages et d'opuscules, furent ainsi soumis à un minutieux examen. La commission exerça ensuite sa sagacité sur les *dix-neuf cent treize* manuscrits laissés par le serviteur de Dieu. En ceux-ci, comme dans les volumes imprimés, elle ne trouva rien qui ne fût conforme à la pureté de l'Évangile, rien qui fût capable de porter atteinte aux bonnes mœurs, rien d'opposé au sentiment commun des Pères ou des fidèles, rien de suspect; en un mot, *rien qui fût digne de censure*, selon les termes du célèbre décret du 14 mai 1803. Ce glorieux témoignage était déjà un hommage extraordinaire rendu au serviteur de Dieu : car enfin, si l'on réfléchit à la difficulté que présente la rédaction d'écrits théologiques; si l'on songe à la quantité d'erreurs que renferment tant de livres, gros et petits, publiés de nos jours par des hommes incompétents ou téméraires; si l'on constate ensuite que les écrits de saint Alphonse embrassent toutes les questions les plus difficiles du dogme et de la morale, on verra quelle gloire rejaillissait déjà sur lui de cette parole de l'Église : « Chrétiens, vous pouvez lire tous ces livres en sûreté de conscience : rien n'y offensera votre foi, et vous êtes sûrs, à leur lumière, de marcher dans le chemin du salut. »

La question de l'héroïcité des vertus succéda, le 10 juin 1808, à l'examen des écrits. Ceux qui veulent se faire une idée des qualités que l'Église requiert dans ses enfants pour leur accorder les honneurs des autels, n'ont qu'à lire les discussions contenues dans le Procès de Béatification. Ils y verront que, tout en gardant un respect extraordinaire à l'égard du serviteur de Dieu, le Promoteur de la foi (l'*Avocat du diable,* pour employer l'expression vulgaire) sut faire valoir avec une grande habileté les objections qui lui semblaient ressortir de certains faits. Quelques actes du Vénérable, certaines de ses omissions, quelques-unes même de ses épreuves, lui fournirent matière à des réserves formelles. « *Il ne s'agit pas seulement ici de vertu,* dit-il, *mais de vertu héroïque,* » et il revient souvent sur ce point de vue, très important en effet. Les vertus théologales, les vertus cardinales, les vertus morales, furent ainsi successivement examinées. Mais les réponses du *défenseur* Amici furent dignes, on peut le dire, des objections de son adversaire. Des dissertations approfondies : par exemple, sur les scrupules dont saint Alphonse fut affligé dans sa vieillesse ; sur les vœux assez nombreux qu'il fit pendant sa vie ; sur l'omission du Synode durant sa carrière épiscopale ; ces dissertations et d'autres encore montrèrent à l'évidence que la vertu du serviteur de Dieu brillait au contraire davantage dans les faits qui semblaient d'abord l'obscurcir. Dès lors, la discussion ayant éclairci même les plus légères difficultés « *facta discussione de quibuslibet licet minutissimis exceptionibus* » comme parle le Décret, la sentence d'héroïcité des vertus pouvait être rendue. Elle le fut le 7 mai 1807 par le Souverain Pontife Pie VII. Quelques circonstances de ce Décret doivent être relevées. Saint Alphonse était fondateur de la congrégation du Très Saint Rédempteur ou Très Saint Sauveur ; or ce fut dans la Basilique mère et maîtresse de toutes les églises du monde, dédiée jadis par Constantin au Sauveur lui-même « *eidem Salvatori dicata*, » comme dit le Décret, que celui-ci fut rendu. Saint Alphonse fut évêque et pasteur des âmes : or le jour choisi pour proclamer ses vertus fut la fête de l'Ascension du suprême Pasteur de tous les Pasteurs (ce sont encore les termes du Décret) : qui n'eût dès lors établi un rapprochement bien naturel entre le Pasteur divin donnant sa vie pour ses brebis, et l'illustre évêque dont le glorieux épiscopat n'avait été qu'une suite de sacrifices?

Les douleurs de l'Église et de son chef interrompirent quelque temps la Cause de Béatification, qui devait s'achever par l'examen des miracles. Mais enfin, le 24 mai 1814, Pie VII rentrait glorieusement à Rome sous les auspices de Notre-Dame Auxiliatrice. Dès l'année suivante, la Congrégation examinait et reconnaissait deux miracles soumis à son approbation. Pie VII choisit, pour faire publier le Décret, le 17 septembre 1815 : c'était le jour où l'on célébrait pour la première fois la fête de Notre-Dame des Sept-Douleurs, instituée par le Pontife lui-même. Certes, la circonstance était bien choisie, la dévotion d'Alphonse aux douleurs de Marie ayant été si vive; et d'autre part elle rappelait à merveille les peines, la captivité du Vicaire de Jésus-Christ, qui avait précédé le triomphe du 24 mai 1814.

Le 21 décembre 1815, un Décret solennel annonçait que l'on pouvait procéder en toute sécurité à la Béatification du serviteur de Dieu :

« C'est un heureux événement, y lisait-on, que de

pareils honneurs soient rendus à un si grand homme dans les temps que nous traversons. Ils montreront, en effet, à ceux qui sont hors de l'Église, que les temps et les circonstances peuvent bien être sujets aux bouleversements, mais que l'Église de Jésus-Christ ne peut ni changer ni être renversée. La vigueur antique de la sainteté ne s'éteint ni ne languit jamais dans l'Église; l'Épouse du Christ ne connait point de vieillesse, et en tout temps, au sein de la déchéance et de la fragilité du siècle, sa jeunesse et sa beauté divines ne cessent de fleurir. A leur tour, les pasteurs des âmes, les prédicateurs de l'Évangile, tous les hommes pieux et savants, comprendront quel honneur et quel secours leur sont assurés, s'ils marchent sur les traces d'Alphonse-Marie de Liguori. »

Enfin, le 6 septembre 1816, l'immortel Pie VII signait le Décret de Béatification du serviteur de Dieu. Il était dès lors permis d'exposer le corps et les reliques du Bienheureux à la vénération des fidèles, d'entourer son portrait de rayons; de réciter son office et de célébrer la messe en son honneur dans la Congrégation du Très Saint-Rédempteur et dans les diocèses de Nocera, de Sainte-Agathe et de Naples; enfin la solennité de la béatification était fixée au 15 septembre suivant.

Nous ne dirons point la joie qui s'empara de tous les cœurs à cette nouvelle si impatiemment attendue; nous ne décrirons pas non plus les fêtes imposantes qui eurent lieu le 15 septembre 1816. On remarqua une coïncidence frappante dont nous devons dire un mot : ce jour-là, dimanche 15 septembre, réunissait à la fois l'octave de la Nativité de la très sainte Vierge, la fête du Saint-Nom de Marie, et en même temps la fête de Notre-Dame des Sept-Douleurs. On eût dit que, du haut du ciel, la Reine des Anges avait choisi ce jour trois fois glorieux pour honorer magnifiquement sur la terre celui qui avait si bien célébré jadis ses joies, ses douleurs et ses gloires.

Chapitre Quatrième.

Canonisation du Saint (1830). — L'avocat de la Cause.
D. Hyacinthe Amici.

N se tromperait étrangement si l'on croyait que l'Église se contente, pour canoniser les Saints, de constater qu'ils ont pratiqué les vertus chrétiennes dans un degré extraordinaire. Elle veut en outre que le témoignage de Dieu, éclatant, invincible, indéniable, vienne attester la sainteté de ces héros : en d'autres termes, elle exige des miracles. Elle en exige deux pour la béatification et deux autres pour la canonisation.

Chose remarquable ! Un an ne s'était point écoulé depuis la béatification solennelle d'Alphonse, et déjà deux miracles éclatants avaient récompensé la foi des fidèles. Un frère laïc de l'ordre des Camaldules, nommé Pierre Canuti, fut instantanément guéri d'un ulcère fistuleux que la carie avait déjà envahi. Ailleurs, à Catanzaro, capitale de la Calabre, une pauvre femme du peuple, appelée Antoinette Tarsia, était tombée à la renverse du haut d'une échelle : le sac de blé qu'elle portait sur ses épaules l'accabla de son poids et lui fit des lésions intérieures d'une gravité terrible. Ayant alors invoqué le Bienheureux Alphonse, elle fut favorisée d'une apparition du Serviteur de Dieu et guérie instantanément.

On nous demandera peut-être si l'examen de ces
sortes de miracles est accompagné de toutes les qualités
qui peuvent dicter un jugement sûr. Nous répondrons
à cela que l'assistance divine est assurée à l'Église dans
une chose de pareille importance, et que les précautions
humaines prises en vue d'éviter toute erreur dépassent
l'imagination. Nous voudrions voir, par exemple, un de
ces savants qui réclament si haut un tribunal sérieux
examinant un miracle, nous voudrions le voir lire les
documents relatifs à la guérison d'Antoinette Tarsia,
dont nous avons parlé. Il y verrait qu'avant tout, les
témoignages reçus sont graves, désintéressés, toujours
conformes à eux-mêmes; que ces témoignages furent
sévèrement contrôlés; que deux médecins savants, consciencieux, firent, à l'insu l'un de l'autre, un examen
des plus minutieux, dont ils donnèrent ensuite par écrit
le résultat; ces rapports, faits sous la foi du serment,
furent ensuite discutés par trois fois, devant le Tribunal
ecclésiastique, avec toute la sévérité que peuvent fournir toutes les ressources d'esprits habiles et expérimen-
tés. « La main sur la conscience, dirions-nous à cet
homme, pouviez-vous, avant d'avoir lu cette discussion,
imaginer pareille rigueur? Auriez-vous pu accumuler
plus d'objections? Est-il une circonstance du miracle
qui n'ait été attaquée, pesée, éclaircie? Est-il vrai, oui
ou non, que la guérison ait été naturellement impossible, et de plus, qu'elle ait été instantanée? » Pour peu
qu'il eût encore de bonne foi, le savant s'écrierait :
« Jamais je n'aurai cru pareille chose; nul tribunal ne
peut être plus sévère ni plus consciencieux; il faut nier

l'évidence ou convenir que *le doigt de Dieu est là.* »

Après les longues et savantes discussions dont nous avons parlé, les deux miracles furent reconnus véritables. Dès lors, c'était au Souverain Pontife (alors Pie VIII) à publier ce décret. On choisit pour cette solennité le 3 décembre, fête de saint François-Xavier. C'était en 1829.

Ce jour-là, le Pape se rendit dans la magnifique église des Pères Jésuites appelée le *Gesù;* il y offrit le saint sacrifice à l'autel de l'apôtre des Indes, puis il lut le décret en présence d'une foule nombreuse. On remarquait surtout, auprès du Souverain Pontife, le célèbre cardinal Odescalchi, *Rapporteur* de la *Cause* du bienheureux Alphonse. Ce grand homme, qui entra plus tard dans la Compagnie de Jésus, avait poursuivi avec zèle l'affaire importante qui lui était confiée ; et le décret dont nous parlons témoigne à la fois de son amour pour le Bienheureux, et de sa vénération pour cette Compagnie de Jésus dont il allait un jour revêtir les livrées. Après avoir énuméré les œuvres apostoliques d'Alphonse, le décret faisait l'exposé des deux miracles, puis il ajoutait :

« Enfin, le temps de l'Avent étant arrivé, ce temps durant lequel le bienheureux Alphonse préparait les peuples avec tant de zèle à la venue du Seigneur, Notre Saint-Père le Pape résolut de ne plus tarder davantage et de rendre sa sentence. En conséquence, en cette fête de saint François-Xavier, de ce Saint dont le Bienheureux avait reçu le nom au saint baptême et dont il se montra le glorieux imitateur, Sa Sainteté se rendit à l'église principale de la Compagnie de Jésus, y offrit le sacrifice à l'autel de l'apôtre des Indes; puis, en présence des cardinaux Jules-Marie de Somaglia, préfet de la Congrégation des Rites, et Charles Odescalchi, rapporteur de la cause, il déclara que les deux miracles susmentionnés sont certains. „

Six mois après, c'est-à-dire le 16 mai 1830, un nouveau décret déclarait que l'on pouvait, en toute sûreté, procéder à la canonisation. Ainsi se terminait ce *procès* imposant, un des plus beaux qu'on eût examinés depuis longtemps. Saint Alphonse fut, en effet, tout à la fois fondateur d'ordre, évêque, écrivain, toutes qualités éminemment glorieuses sans doute, mais qui provoquaient autant d'examens approfondis.

Nous devons maintenant à nos lecteurs le récit de la solennité de la canonisation, qui eut lieu neuf ans plus tard (1839); mais avant de l'entreprendre, nous voulons dire un mot d'un incident remarquable, unique même, qui signala la clôture du *Procès* de saint Alphonse.

Dans la dernière séance de la Congrégation chargée de l'examen de la Cause, tout étant terminé, le Promoteur de la Foi se leva et donna lecture d'un acte par lequel il déclarait qu'après avoir épuisé toutes les ressources de son esprit à soulever, selon le devoir de sa charge, les objections que l'on pouvait faire, il ne lui restait absolument plus rien à opposer. Puis il ajouta : „ Le Souverain Pontife Clément X l'a déclaré dans la bulle de canonisation de saint Pierre d'Alcantara : *Le Siège Apostolique aime particulièrement à immortaliser le nom des Saints qui ont rendu au peuple chrétien les plus éclatants services. Aussi élève-t-il volontiers sur les autels ceux qui ont été, pour quelque institut particulier, l'image vivante de la sainteté, et surtout les fondateurs d'ordres, quand leurs vertus et leurs miracles les ont rendus illustres.* Or, toutes ces conditions sont réunies, et d'une manière éclatante, dans le cas présent. Il ne reste donc qu'une chose à désirer : c'est que notre bienheureux Prélat, après avoir brillé entre tous par ses vertus et particulièrement par l'ardeur de son zèle pastoral, soit proposé pour modèle à tout le peuple chrétien et surtout aux Pasteurs de l'Église, par l'oracle du Saint-Siège. » Ce fut alors à l'avocat de la Cause, D. Hyacinthe Amici, de parler. Nous prions nos lecteurs de lire attentivement l'allocution suivante, dans laquelle on sent battre un noble cœur, heureux d'avoir fourni une si longue et si laborieuse carrière.

« Eminentissimes Seigneurs,

« C'est toujours avec la joie la plus vive que j'ai paru
« en votre présence, et ce lieu où s'agitent les plus
« saintes *causes* de l'Église m'a toujours rempli du plus
« profond respect, soit pour l'importance des affaires qui
« s'y traitent, soit à cause de la science, de la piété et
« de la foi des Juges éminents appelés à en décider.
« Mais aujourd'hui que je prends la parole pour la der
« nière fois dans la *Cause* du bienheureux Alphonse de
« Liguori, je me sens inondé d'une joie toute particu
« lière, parce que j'ai, avec l'Église entière, sujet de me
« féliciter.

« J'ai, en effet, ce bonheur, (et j'en rends les plus
« vives actions de grâces à Dieu et à son bienheureux

« Serviteur), que, seul, j'ai mené jusqu'à son terme la
« *Cause* du saint Prélat que j'avais été appelé, dès la
« mort de celui-ci, à soutenir et à défendre. Évènement
« bien rare assurément, inouï jusqu'ici à cause des
« innombrables questions à traiter, et dont l'antiquité
« tout entière n'offre point d'exemple. Ce qui est pour-
« tant plus rare et plus admirable encore, et ce qui m'a
« valu un pareil honneur, c'est que, depuis les sévères
« décrets d'Urbain VIII, aucune *Cause* n'a marché d'un
« pas aussi rapide, malgré les vicissitudes politiques
« qui l'ont traversée. Tant l'extraordinaire et sublime
« sainteté d'un aussi grand homme, si magnifiquement
« attestée par le témoignage des fidèles et par la voix
« de Dieu lui-même, a su renverser tout obstacle et
« triompher de tout retard ! »

Le savant et courageux Amici eut donc la joie de voir
ses efforts couronnés de succès. Il mourut peu de temps
après avoir vu ses plus chers désirs accomplis. Un
curieux tableau qui se trouve à Rome, dans le couvent
des Pères Rédemptoristes de Monterone, le montre
présentant à saint Alphonse, la supplique suivante, que
nous traduisons : « *O saint Alphonse-Marie de Liguori !
le prêtre Hyacinthe Amici, avocat des* Causes *de canonisation des serviteurs de Dieu, vous est redevable du
bonheur singulier qu'il a eu de commencer la vôtre et
de la conduire à bon terme : il vous supplie dès lors humblement de vouloir bien, à votre tour, être son avocat
dans le ciel.* » Qui pourrait douter que cette touchante
prière n'ait été exaucée, et que saint Alphonse n'ait
assisté, au dernier passage, son fidèle serviteur ?

Chapitre Cinquième.

Cérémonie de la canonisation de saint Alphonse
(26 mai 1839).

UNE sagesse vraiment divine préside au gouver-
nement de l'Église, et si ses actes les plus
importants sont parfois différés de quelques
années, ils en acquièrent, à raison des circonstances,
une signification plus grande. C'est ainsi que la canonisation de saint Alphonse, décrétée en 1830, ne fut
pourtant accomplie qu'en 1839. Mais, dans cet inter-
valle, de graves événements s'étaient passés. Rappe-
lons-en quelques-uns. En France, un écrivain célèbre
voyait ses doctrines condamnées par le Saint-Siège ; en
Lithuanie, des pasteurs infidèles entraînaient avec eux
dans le schisme un million et demi de catholiques ; partout, d'innombrables écrits prêchaient audacieusement
la glorification de la chair ; l'esprit de révolte qui avait
suscité une révolution en préparait une seconde qui
allait s'étendre à toute l'Europe. En un mot, les droits
de Dieu méconnus appelaient de sévères leçons. Le
Saint-Siège crut alors le moment venu de glorifier des
héros de la pénitence, et il en choisit cinq dont les
noms rappelaient toutes les vertus. C'étaient : saint
Alphonse, si célèbre par sa doctrine, par sa soumission
au Saint-Siège, par son héroïque mortification ; saint

François de Hiéronymo, de la compagnie de Jésus, missionnaire de premier ordre ; jadis, on le sait, il avait prophétisé la grandeur future de saint Alphonse ; saint Jean-Joseph de la Croix, de l'ordre des Mineurs déchaussés de Saint-Pierre d'Alcantara ; saint Pacifique de Saint-Séverin, de l'ordre des Frères mineurs réformés de l'Observance, et sainte Véronique Giuliani, abbesse des Capucines. Ces trois derniers Saints appartenaient donc à l'ordre de saint François, de ce grand thaumaturge dont le nom seul rappelle des prodiges de pénitence.

La cérémonie solennelle de la canonisation fut fixée au dimanche de la Trinité, 26 mai 1839. Le Souverain Pontife Grégoire XVI y avait invité tous les évêques d'Italie, et les ordres religieux auxquels appartenaient les nouveaux Saints avaient envoyé de nombreuses députations dans la Ville Éternelle. Cent rédemptoristes environ vinrent ainsi d'Allemagne, d'Italie, de Belgique, assister au triomphe de leur Père. Donnons quelques détails sur cette mémorable journée.

Le 25 mai, veille de la fête, les canons du château Saint-Ange et le son de toutes les cloches de Rome annoncèrent l'approche du jour si longtemps désiré. A minuit, les trompettes de la garde et du sénat parcouraient la ville, la musique se faisait entendre de tous côtés, et dès quatre heures du matin, cent et un coups de canon saluèrent le grand jour de fête.

A six heures, commença au Vatican la procession la plus imposante qui se puisse voir au monde. Les ordres religieux, les chapitres, les collégiales, les séminaires, le clergé romain, se pressaient sur la place Saint-Pierre.

Une multitude de personnes suivait, un flambeau à la main ; puis venaient les bannières des nouveaux Saints. Les cordons de ces bannières étaient tenus par les parents encore survivants et par les membres de leurs ordres respectifs. Auprès de la bannière de saint Alphonse, on remarquait un des neveux du Saint et plusieurs de ses petits-neveux : le premier, général dans l'armée napolitaine : les autres, officiers du roi de Naples.

Depuis la chapelle Sixtine, où le Souverain Pontife était allé entonner l'*Ave Maris stella*, jusqu'à la Basilique, la procession était plus imposante encore. Les hérauts du Pape, la cour pontificale, les chantres de la chapelle papale, l'assistance de l'office pontifical, plus de cent abbés, évêques et cardinaux revêtus de leurs insignes, entrèrent lentement dans le temple le plus auguste de l'univers. Venait enfin le Saint-Père, porté sur sa *sedia gestatoria*, tenant un cierge allumé et bénissant la foule agenouillée. Tout le monde sait avec quelle majesté officiait Grégoire XVI, ce grand et intrépide Pontife qui défendit l'Église avec le zèle d'un Pape et d'un vrai fils de saint Benoît.

La basilique de Saint-Pierre était splendidement ornée : les draperies d'or et de velours cramoisi, les candélabres superbes, les lumières innombrables rappelaient à tous le mot de Clovis : *Est-ce ici ce ciel dont vous m'avez parlé?* Non, mais c'était une image du ciel.

Aussitôt introduit dans la basilique, le Saint-Père se fit porter dans la chapelle du Saint-Sacrement, descendit de la *sedia* et fit son adoration. Puis il fut solennellement conduit à son trône, où il reçut l'hommage du haut

clergé. Quand les Cardinaux, les Évêques et les Abbés
furent à leur place respective, le maître des cérémonies
conduisit devant le trône du Pape le cardinal qui devait
faire, au nom de toute la chrétienté, les instances ordinaires en vue de la canonisation. Le cardinal s'inclina
donc ; son avocat, qui l'accompagnait, s'agenouilla et
adressa au Souverain Pontife la demande suivante :

« Très Saint Père, l'éminentissime cardinal ici pré-
» sent prie instamment Votre Sainteté de vouloir bien
» inscrire au catalogue des Saints de Jésus-Christ
» Notre-Seigneur, le bienheureux Alphonse (*suivaient*
» *les noms des quatre autres Bienheureux*), et de dai-
» gner déclarer qu'ils doivent être honorés comme tels
» par tous les fidèles chrétiens. »

Cette supplication fut renouvelée par trois fois et
interrompue par le chant des Litanies des Saints, puis
par le *Veni Creator*. Enfin le Souverain Pontife fit
répondre qu'il voulait prononcer la sentence décisive.
Se tenant donc assis, comme un juge parlant d'autorité
divine, et la mitre en tête, le successeur de saint Pierre
s'adressa à l'immense assemblée. Il prononça d'une voix
forte le jugement définitif :

» En l'honneur de la très sainte et indivisible Trinité,
» pour l'exaltation de la foi catholique et l'accroissement
» de la piété chrétienne, au nom de Jésus-Christ Notre-
» Seigneur, des saints apôtres Pierre et Paul, et en
» notre nom ; après mûre réflexion et le secours de
» Dieu plusieurs fois invoqué, ayant consulté nos véné-
» rables frères les cardinaux de l'Église romaine, les
» patriarches, archevêques et évêques de cette capitale,

« Nous décidons et prononçons que les Bienheureux
» Alphonse de Liguori, François de Hieronymo, Jean-
» Joseph de la Croix, Pacifique de Saint-Séverin, Véro-
» nique Giuliani, sont saints ; Nous les inscrivons au
» catalogue des Saints, et ordonnons que leur mémoire
» soit honorée par le culte que l'Église leur rendra
» annuellement au jour de leur naissance au ciel, savoir,
» le Bienheureux Alphonse, le 2 août, etc. Au nom du
» Père † et du Fils † et du Saint-Esprit †. Amen. »

Après avoir rendu cette décision solennelle, le Souverain Pontife entonna le *Te Deum,* et les canons du
château Saint-Ange, toutes les cloches de Rome, les
trompettes et les tambours annoncèrent le grand événement. Après le *Te Deum,* le Saint-Père invoqua, au
nom de l'Église militante, les Saints nouvellement cano-
nisés, en chantant l'oraison de leur office ; et, après le
Confiteor, dans lequel on insère leurs noms après ceux
de saint Pierre et de saint Paul, le Pape donna la
bénédiction.

Une messe solennelle, célébrée par le Souverain Pontife, commença aussitôt. A l'offertoire, on fit au Chef
visible de l'Église, selon l'ordre établi dans les canoni-
sations, des offrandes de cierges, de pain et de vin, de
tourterelles et d'autres oiseaux. Les cierges représentent ces brillantes lumières que Dieu accorde à son
Église en la personne des nouveaux saints ; le pain et
le vin, l'Eucharistie, qui fut la source et l'aliment de
leur sainteté ; les oiseaux, leur détachement et leur
innocence. Comme la colombe de Noé, les Saints n'ont-
ils point vécu dans le monde sans se souiller à son con-

tact? Ne sont-ils pas aussi les messagers de la paix et du salut?

La messe terminée, l'immense multitude se concentra sur la place Saint-Pierre, pour recevoir la solennelle bénédiction du Souverain Pontife. Une indulgence plénière fut ainsi le couronnement de cette fête grandiose, et tout le monde se répandit alors dans les rues de la Ville Éternelle, joyeux d'avoir assisté à un spectacle aussi sublime, joyeux surtout de compter de nouveaux protecteurs au ciel. Le monde catholique prit part à cette allégresse, et la canonisation de saint Alphonse réjouit les cœurs des innombrables évêques qui vénéraient la mémoire de ce grand Saint; elle combla les vœux des savants catholiques et dirigea de plus en plus les études vers les doctrines romaines ; elle fut enfin un sujet de triomphe pour tout le peuple chétien qui, désormais, pouvait invoquer publiquement ce grand protecteur, entourer ses reliques de solennels hommages, et déposer à ses pieds avec confiance ses inquiétudes et ses peines.

Quelques mois après (10 septembre 1839), un décret de la Congrégation des Rites rendait obligatoire pour toute l'Église l'office de saint Alphonse. Cet honneur extraordinaire était décerné au nouveau Saint à raison de sa qualité de fondateur d'ordre, et aussi à cause des services signalés qu'il avait rendus au Saint-Siège et à l'Église universelle.

Chapitre Sixième.

*Saint Alphonse est mis au rang des saints patrons
de la ville de Naples. — Il est déclaré copatron du diocèse
et de la ville de Catanzaro.*

UN grand serviteur de Dieu, le bienheureux
P. Le Fèvre, de la Compagnie de Jésus, avait
coutume de dire que la protection d'un seul
Saint sur un pays, concourt plus efficacement à la mora-
lité de celui-ci que tous les édits des princes. Les lois
humaines, en effet, n'atteignent point l'intérieur des
hommes et ne le corrigent guère ; au contraire, le patronage des Saints s'exerce, par la grâce divine qu'il procure, sur le cœur même de ceux qu'il protège. On le
comprend dès lors aisément : les pays de foi réclament
volontiers comme une précieuse faveur, le patronage
officiel et reconnu par l'Église, d'un serviteur de Dieu.
C'est ce que fit la ville de Naples ; c'est ce que firent le
diocèse et la ville de Catanzaro en Calabre, à l'égard de
saint Alphonse.

Le saint docteur venait à peine d'être canonisé, et
déjà la capitale du royaume des Deux-Siciles le réclamait pour un de ses protecteurs. Cette ville célèbre, on
le sait, possède dans sa cathédrale, dans la belle chapelle
appelée le *Trésor de saint Janvier*, quarante-deux
statues d'argent massif représentant les quarante-deux

patrons de la ville. Il s'agissait cette fois, pour la congrégation du très saint Rédempteur, d'offrir à la ville la quarante-deuxième de ces statues ; et pour la capitale, d'accepter et de reconnaître saint Alphonse comme patron officiel. Une supplique fut donc adressée le 25 juin 1839, au conseil municipal de la ville ; et, le 4 juillet, la réponse favorable était accordée. L'agrément de l'autorité ecclésiastique, celui du roi de Naples, vinrent confirmer cette décision.

Un célèbre artiste fit donc, d'abord en terre, puis en plâtre, le modèle de la statue promise ; puis le fameux Janvier Rossi moula et cisela de ses mains cette remarquable production. On décida ensuite que, selon la décision de la sacrée Congrégation des Rites, une fête serait célébrée dans l'église des Pères Rédemptoristes ; une procession solennelle devait la terminer. La fête fut fixée au 15 août suivant ; mais la piété du souverain, du clergé et du peuple, réclamait plus d'une journée : huit jours entiers furent donc assignés pour ces fêtes mémorables, et il fut arrêté que, le neuvième jour, la statue du Saint serait portée processionnellement au Dôme, où l'on dresserait solennellement les trois derniers actes publics.

L'église de Saint-Antoine *in Tarsia* fut donc magnifiquement décorée par les soins des enfants de saint Alphonse. A l'extérieur, trois superbes transparents ; à l'intérieur, dix tableaux représentaient divers actes ou prodiges de la vie du Saint. Le 15 août, pendant les vêpres, le premier contrat fut conclu entre les Pères Rédemptoristes et la ville de Naples : celle-ci acceptait

le patronage du Saint; ceux-là faisaient don à la ville
de la statue de leur fondateur. Le syndic de Naples,
duc de Bagnoli, et le Recteur Majeur, le Père Jean-
Camille Ripoli, signèrent cet acte solennel.

Durant les huit jours qui suivirent, la messe pontificale fut célébrée quotidiennement en grande pompe au
milieu d'une affluence prodigieuse; chaque jour aussi,
quelque prélat ou personnage distingué chanta les vêpres;
enfin, les plus renommés prédicateurs firent successivement le panégyrique du Saint. Citons ici leurs noms :
le P. Pierre Desnoyers, clerc régulier Théatin; le
P. Charles-Marie Curci, de la Compagnie de Jésus; le
P. Angelo Gille, bénédictin; le P. Michel Salzano,
prieur des dominicains; le P. Joseph Borghi, mineur
conventuel; le P. Gaëtan de Naples, mineur observantin;
le P. Hilarion de la Croix, carme déchaussé; et Mgr
Ange-Antoine Scotti.

Nous n'avons point à dire ici par quel enthousiasme
se traduisit en cette occasion la foi de la population
napolitaine; le roi de Naples, la reine et leurs enfants,
honorèrent de leur présence ces magnifiques cérémonies.
Quelle gloire ne jetait-il pas en effet sur sa ville natale,
ce grand Saint qui l'avait évangélisée jadis avec tant de
zèle! et quelle leçon ne pouvait-on point tirer de ces
honneurs solennels rendus à sa mémoire! Jadis Naples
elle-même l'avait un moment poursuivi de ses sarcas-
mes; saint Alphonse avait habituellement vécu loin de
ses murs; et, loin de rechercher ses magnificences, il
s'était adonné tout particulièrement à évangéliser les
pauvres. Et voici que, cinquante ans après sa mort,

rois et sujets, riches et pauvres, savants et ignorants, s'unissaient dans un même transport de vénération pour bénir sa mémoire, pour invoquer son assistance, et Naples la superbe tenait à honneur de se placer à jamais, elle et tous ses enfants, sous sa puissante protection !

La procession du 24 fut telle qu'on pouvait l'attendre d'une foi si vive. L'armée, la magistrature, le clergé, les fidèles formaient un magnifique cortège à la statue étincelante portée sous un dais richement orné que soutenaient huit officiers de la garde du corps; quatre généraux tenaient les cordons du dais; et treize Princes de l'Église formaient avec le R. P. Ripoli, une couronne d'honneur autour de la sainte image. Quand on fut arrivé sur la place de l'Archevêché, la statue de saint Alphonse fut dirigée vers celle qui renferme la tête sacrée de saint Janvier, patron principal de Naples. Les deux statues de ces grands protecteurs furent alors introduites dans la cathédrale, où le second acte public fut passé, avec les formalités requises, entre S. E. le cardinal de Naples et le syndic de la capitale. On les porta ensuite processionnellement sur l'autel de la chapelle du *Trésor*; là les deux hymnes des Saints étant chantées, les deux derniers contrats furent conclus et signés dans la sacristie de la chapelle. Ainsi se terminèrent, au milieu des manifestations les plus ardentes et les plus joyeuses, ces fêtes magnifiques.

Un an plus tard, la ville de Catanzaro, capitale de la Calabre, demandait à son tour au Saint-Siège la faveur de pouvoir honorer saint Alphonse comme son patron spécial. Saint Vitalien possédait déjà cet honneur : on

demandait que saint Alphonse le partageât avec lui.
Catanzaro se montrait par là reconnaissante des grandes
faveurs qu'elle reçut du Saint : entre autres, c'est dans
ses murs qu'Antoinette Tarsia avait été miraculeusement guérie en 1817. Nous avons parlé de ce miracle
dans un précédent chapitre.

La supplique de l'évêque du diocèse fut adressée à
Rome le 14 novembre 1840 ; mais ce prélat n'avait été
que l'interprète des vœux unanimes de son clergé et de
son peuple. Nous donnerons ici un extrait du procès-
verbal de la séance tenue le 13 novembre 1839, par le
Conseil municipal de Catanzaro :

« M. le second adjoint, y est-il dit, nous a donné lecture d'une lettre par laquelle M. le gouverneur nous
fait connaître le désir de Monseigneur l'évêque, interprète de la population de son diocèse, et nous prescrit
de prendre une détermination sur le projet en question, savoir : de prendre pour copatron le glorieux
saint Alphonse-Marie de Liguori.

» A l'unanimité des votes, et dans l'intérêt religieux
de cette population, le conseil a décidé que ce glorieux Saint sera proclamé copatron de cette cité, pour
qu'il puisse exaucer avec bonté les prières qu'elle lui
adressera. Le conseil prie M. le Gouverneur de s'employer à faire atteindre ce résultat. » Suivent les
signatures, au nombre de dix-neuf.

La supplique de la Haute Cour des Trois Calabres est
plus intéressante encore. Elle était adressée au Souverain Pontife.

« Très Saint Père,

« Les membres de la Haute Cour civile de toutes les
« Calabres, siégeant à Catanzaro (royaume de Naples).
« ont l'honneur de représenter avec le plus profond
« respect à Votre Sainteté que le désir est général ici
« d'obtenir pour copatron de cette ville et du diocèse
« tout entier, saint Alphonse-Marie de Liguori, canonisé
« dernièrement. Les éminentes vertus de ce grand Saint
« et les nombreux miracles qu'il a opérés dans cette ville
« nous portent à faire cette demande.

« Celle-ci est d'autant plus fondée que cette ville pos-
« sède un couvent très exemplaire de Pères Rédempto-
« ristés : on y a donc la facilité et l'occasion de vénérer
« le Saint dans une église où retentissent souvent ses
« louanges, et où le peuple dévot a coutume de remplir
« ses devoirs religieux.

« C'est pourquoi les soussignés, imitant l'exemple du
« très religieux monarque des Deux-Siciles, dont la
« dévotion particulière envers ce grand Saint est connue
« de tous, et unissant leurs vœux à ceux du pieux
« évêque du diocèse, à ceux des bons habitants de la
« capitale des Trois Calabres, supplient avec instance
« Votre Sainteté de vouloir bien exaucer leurs com-
« muns désirs. — Catanzaro, 28 novembre 1840. »
Suivent les signatures.

Le Saint-Siège accéda volontiers à ces pieuses suppliques. Saint Alphonse est donc le spécial protecteur de
la capitale de la Calabre. La Calabre ! ce pays des âmes
abandonnées, qui fut toujours pour le saint Docteur
l'objet d'un amour spécial ! N'est-il pas touchant de voir

comment ces populations que saint Alphonse évangélisa
et fit évangéliser avec tant d'ardeur, surent reconnaître
ses bienfaits? Assurément, les hommages splendides de
Naples sont un beau spectacle ; mais ceux de Catanzaro
nous semblent d'une éloquence encore plus pénétrante :
on y sent battre le cœur de tout un peuple, le cœur des
pauvres, le cœur des populations abandonnées, en faveur
desquelles le Saint prodigua ses sueurs et multiplia ses
miracles.

Chapitre Septième.

Saint Alphonse est déclaré Docteur de l'Église (1871).

EU de personnes se font une idée juste de ce que signifie ce titre : *Docteur de l'Église.* On se dit simplement : Il marque sans nul doute une profonde science dans les matières ecclésiastiques ; mais on ignore en réalité les conditions requises pour que l'Église décerne à un de ses membres cet incomparable honneur.

Remontons à l'Évangile, source de toute vérité : c'est là que nous trouverons la parole de Jésus-Christ lui-même nous signalant les vrais maîtres de la doctrine. « *Qui fecerit et docuerit*, dit le divin Maître, *hic magnus vocabitur in regno cœlorum. Celui qui aura pratiqué et enseigné, celui-là sera nommé grand dans le royaume des cieux.*[1] » On doit entendre par ce royaume le ciel, et aussi l'Église elle-même. La première condition, par conséquent, pour que l'Église proclame vraiment *Grand, Magnus,* un écrivain catholique, c'est que celui-ci ait *pratiqué* parfaitement la loi de Dieu, les enseignements de l'Évangile : en d'autres termes, pour être déclaré Docteur de l'Église, il faut être un Saint, et un Saint canonisé. En second lieu, il faut avoir *enseigné* réelle-

(1) S. Matth., v, 19.

ment et d'une manière éminente, c'est-à-dire, suivant
l'enseignement catholique, *avoir dissipé les ténèbres des
erreurs et des hérésies, avoir éclairci les points obscurs
et douteux de la doctrine*, s'être distingué enfin dans
l'explication des Saintes Écritures. C'est l'Église seule
qui peut décider, dans son infaillible jugement, si ces
conditions ont été réunies ; cette déclaration de l'Église
est dès lors indispensable, et elle doit être distincte, dit
Benoît XIV, de celle qui serait faite, par exemple, dans
la Bulle de canonisation d'un Saint.

Qui ne voit du premier coup d'œil que, posée dans ces
termes, la question est extraordinairement difficile ? S'il
était permis de supposer, par impossible, un écrivain
catholique dont l'ambition serait de devenir Docteur de
l'Église, nous lui dirions : « La chose est bien simple
et n'exige que deux petites conditions. Enseignez, écri-
vez. Combattez les erreurs et les hérésies, mais de façon
à les dissiper, à les vaincre, à en faire une réfutation
publique, irrésistible. Traitez certains points douteux de
la doctrine catholique ; mais éclaircissez-les, loin de les
embrouiller davantage. Enfin, n'oubliez pas la Sainte
Écriture : expliquez-nous-en les mystères sacrés de
manière à nous les rendre accessibles. Cela fait, le plus
difficile reste à faire : devenez *un Saint !* Devenez donc
un savant de premier ordre, *déclaré tel par l'Église*,
et un Saint canonisé par elle ; vous aurez alors droit à
la palme que vous convoitez. » Celui à qui nous ferions
pareille proposition réfléchirait sans doute un instant ;
il regarderait ensuite les dix-neuf siècles de l'Église,
verrait que le nombre des Docteurs ne dépasse point

celui des siècles, et dirait sans nul doute : *Stulta cogi-tatio*, ma pensée est une folie !

L'éminente sainteté de saint Alphonse, nous l'avons montré, fut proclamée par l'Église après un examen des plus minutieux et des plus sévères : plus de trente années durant, la sentence définitive se fit attendre. Enfin elle fut rendue, et l'Église dit à la face du ciel et de la terre : Oui, ce grand homme a vraiment pratiqué d'une manière héroïque les préceptes de l'Évangile et toutes les vertus chrétiennes. Mais a-t-il également enseigné, *docuit*, d'une manière éminente ? L'Église examina aussi cette question. Nous ne pouvons ici entrer dans le détail de cette grave et importante affaire, une des plus belles sans contredit qui aient jamais exercé l'esprit humain armé de toutes les ressources de la raison et de la foi. Rappelons seulement les suppliques de presque tous les évêques du monde, qui témoignèrent à Pie IX que toutes les nations de la terre aimaient, véné-raient, employaient journellement les livres de saint Alphonse. Rappelons ces magnifiques lettres des Géné-raux d'Ordres, attestant à leur tour l'éminence et la diffusion inouïe de la doctrine du Saint. Rappelons ces savantes dissertations des Facultés théologiques de toute l'Europe, en particulier la plus belle et la plus instructive de toutes, celle de la Faculté théologique de Naples. Que si, à ces témoignages éclatants et innom-brables des hommes les plus vénérables par leur sain-teté comme par leur science, nous joignons les éloges publics accordés en divers temps par le Saint-Siège à la doctrine du Saint ; si nous mettons en ligne de compte

les décisions célèbres, uniques dans l'histoire de la
science ecclésiastique, rendues en faveur de cette doctrine ; si enfin, pour employer un argument qui a son
prix, nous comptons les éditions et les traductions diverses des œuvres de saint Alphonse, nous arrivons à cette
conclusion : Oui, sans nul doute, ce grand Saint *a
enseigné* et *il enseigne* encore ; il a combattu avec
succès les hérésies protestante, janséniste, régalienne,
et l'impiété du siècle de Voltaire ; il a éclairci les
matières les plus difficiles du dogme et de la morale ;
enfin, il a jeté une merveilleuse lumière sur les livres
les plus obscurs de la Sainte Écriture, et il en a parfaitement commenté les plus clairs.

C'est le 11 mars 1871 que les éminentissimes Cardinaux de la Congrégation des Rites décidèrent l'heureuse
conclusion de l'examen le plus attentif et le plus sévère,
par cette sentence : Oui, le titre de Docteur de l'Église
doit être accordé à saint Alphonse de Liguori, avec les
honneurs qui résultent de ce titre dans les offices publics
et particuliers. Pie IX, d'immortelle et sainte mémoire,
approuva et confirma ce décret le 23 mars ; puis, par
un nouveau décret en date du 7 juillet 1871, Sa Sainteté
ordonna que le Bréviaire et le Martyrologe romain insé-
rassent dans leurs pages sacrées l'éloge du nouveau Docteur. « Nous voulons aussi et décrétons, ajoutait-il,
qu'à l'instar de tous les autres Docteurs de l'Église, saint
Alphonse voie ses livres, ses commentaires, ses opuscules, en un mot tous ses ouvrages cités et apportés en
témoignage non seulement dans l'enseignement privé,
mais dans l'enseignement public des Académies, des

Facultés, des Écoles, et pour toute sorte de discussions sur les sciences ecclésiastiques. "

Cette mémorable sentence suivit de près le Concile du Vatican. Pie IX, le saint et doux Pontife, eut cette joie et cette gloire de couronner ainsi d'une auréole nouvelle l'écrivain qui avait si savamment démontré l'Immaculée Conception de la très sainte Vierge et l'Infaillibilité doctrinale du Pontife romain. Sept ans après, il allait lui-même recevoir dans le ciel la couronne des élus.

Tous les détails du célèbre examen dont nous venons de parler sont renfermés dans un magnifique volume petit in-folio de 700 pages, imprimé à la Propagande. C'est là qu'il faut lire tous les détails de cette grande Cause pour comprendre avec quelle joie le monde catholique chante désormais : « *O Docteur excellent, lumière de la sainte Église, saint Alphonse-Marie, ô vous qui avez tant aimé la loi divine, offrez pour nous au Fils de Dieu vos puissantes supplications. O Doctor optime. Ecclesiæ sanctæ lumen, beate Alphonse Maria, divinæ legis amator, deprecare pro nobis Filium Dei.* "

‾‾‾‾‾‾‾‾‾‾‾‾‾‾‾‾‾‾‾‾‾‾‾‾‾‾‾‾‾‾

Chapitre Huitième.

Histoire d'un livre de saint Alphonse. — Lieu, date,
occasion de la composition des Visites au très saint Sacrement
et à la sainte Vierge.

ES *Visites au très saint Sacrement et à la*
sainte Vierge sont, on le sait, le premier
livre qui soit sorti de la plume de saint
Alphonse. C'est par cet humble opuscule, petit grain de
sénevé dont la bénédiction de Dieu devait faire un
grand arbre, que l'illustre et saint docteur débuta dans
sa carrière d'écrivain. Ce livre, comme tous les autres,
a son histoire : nous allons essayer de la retracer, pour
l'édification de nos lecteurs.

Ciorani est un petit bourg de la province de Salerne,
ne comptant environ que sept cents âmes, mais entouré
de nombreux hameaux épars, dont la population ne
s'élève pas à moins de cinquante ou soixante mille
habitants. Au temps de saint Alphonse, le baron Sarnelli, seigneur du lieu, fortement poussé par deux de
ses fils, D. André et D. Janvier, y avait donné quelques bâtiments au saint fondateur pour qu'il y établît
une maison de son institut. D. André avait fait don
d'une vigne, D. Janvier s'était donné lui-même après
avoir favorisé de son côté la fondation : bref, la maison,
quoique bien pauvre, était en bonne situation pour

l'évangélisation des campagnes. On y vit bientôt des prodiges de grâce : les Pères du très saint Rédempteur rivalisaient à qui pratiquerait le mieux la pénitence et les autres vertus religieuses ; les habitants du lieu et des environs se pressaient à chaque instant dans l'humble chapelle devenue bientôt trop étroite ; de fervents novices vinrent à leur tour apporter à l'œuvre naissante le tribut de leurs sacrifices et de leurs prières.

C'est dans ce pauvre couvent de Ciorani, c'est pour les novices qui s'y formaient aux vertus de leur état, que furent composées les *Visites au très saint Sacrement et à la sainte Vierge :* une lettre de saint Alphonse, du 10 août 1744, que nous citerons plus bas, nous donne la date exacte de leur impression.

Pour bien comprendre à quelle occasion le saint Docteur écrivit son délicieux opuscule, il faut se reporter aux circonstances dont l'histoire nous a gardé le souvenir. Tout le monde sait que, dès le début de sa carrière apostolique et avant même qu'il eût jeté à Scala les fondements de son Institut, saint Alphonse avait soin, dans toutes ses missions, d'établir fortement la dévotion au très saint Sacrement, en inculquant à ses pénitents et aux peuples qu'il évangélisait la salutaire pratique de la Visite quotidienne. Grâce à son zèle et à celui de ses coopérateurs, en particulier du Vénérable P. Janvier Sarnelli, cette excellente habitude s'implanta dans le diocèse et le royaume de Naples. Mais quand on recherchait un livre qui pût aider à remplir ce pieux devoir, il fallait bien avouer (et le Saint était le premier à le faire) qu'on n'en connaissait point.

En 1743, une peste épouvantable éclate à Messine et y fait d'innombrables victimes. La péninsule, le royaume de Naples en particulier, si éprouvé déjà par de nombreux tremblements de terre, redoutent de la voir se déchaîner sur eux ; les évêques, poussés par les sollicitations de saint Alphonse, ordonnent des prières publiques et des processions de pénitence ; le 21 juin, Naples entière se presse ainsi sur les pas de son premier pasteur et s'efforce d'apaiser la colère de Dieu. Cependant, à Ciorani, les novices priaient à leur tour : sous la conduite de leur directeur, de ce P. Paul Cafaro qu'Alphonse appelait un homme admirable et un grand ouvrier apostolique, ils appelaient par leurs prières et leurs pénitences la clémence du ciel.

De son côté, le saint fondateur n'avait pas attendu cette circonstance pour leur faciliter la pratique, chez eux très assidue et très fervente, de la visite au très saint Sacrement ; mais la pensée des malheurs publics ne fut point non plus sans influer sur sa détermination, et il composa, à l'usage de ses enfants, une série de lectures quotidiennes remplies d'affections et de prières, qui allaient bientôt, grâce à la générosité d'un pieux laïque, devenir le bien commun de tous. Laissons ici parler le Saint lui-même.

Le 10 août 1744, il envoie son manuscrit au chanoine Sparano, réviseur des livres, à Naples, en l'accompagnant de la lettre suivante :

Très illustre et vénéré Monsieur,

Loués soient le très saint Sacrement et Marie immaculée.

Monsieur et cher chanoine, j'ai prié M. le chanoine
Torni de confier à Votre Révérence et non à d'autres,
dans l'espoir assuré que vous le ferez sans retard, le soin
de revoir ce tout petit livre que j'ai composé. Je vous
prie donc de vouloir bien l'examiner avant toute autre
chose ; c'est en effet un pieux laïque qui me fait cadeau
des frais d'impression, et si on laisse le temps s'écouler,
je crains que l'argent ne se dépense et que l'on n'imprime
plus. Ce petit livre sera, je crois, très utile pour qui
voudra faire la visite au très saint Sacrement et à la
très sainte Vierge ; je n'en ai vu nulle part de semblable,
et c'est pourquoi je l'ai composé.

Je l'ai aussi fait confier à Votre Révérence, parce
qu'il est mal copié et que le manque de temps empêche
d'en faire une nouvelle copie. Mais vous aurez la patience
de le lire tel qu'il est. Sans rien dire de plus, j'espère
que vous me rendrez promptement ce service. Je vous
enverrai peu après les visites qui manquent, car je désire
que l'on commence sans retard à imprimer, le pieux
laïque devant ainsi se trouver intéressé à l'affaire. Votre
Révérence sera payée de ses soins par Jésus au très
saint Sacrement et par la très sainte Vierge Marie. J'ai
fait le livre simplement et à la bonne. Corrigez donc ce
qui vous semble mériter correction, mais ne vous mettez
point en quête de trop d'élégance.

Je suis de Votre Révérence le très humble et très
obligé serviteur.

ALPHONSE DE LIGUORI, du très saint Sauveur.

Ciorani, le 10 août 1744.

Cette lettre si intéressante doit être complétée par la *Préface* que nous trouvons en tête de l'édition romaine de 1755, mais qui, vraisemblablement, accompagna le livre dès son apparition, à la fin de 1744.

Sur la première page, se trouvent les invocations et sentences suivantes, que nous traduisons du latin :

Vive le pur amour de Jésus au très saint Sacrement et de Marie immaculée.

Voici que le Bien-Aimé se tient debout derrière notre muraille, regardant par les barreaux, plongeant ses regards à travers les fenêtres (Cant. ii).

Voici que je suis avec vous tous les jours jusqu'à la consommation des siècles (Matth. xxviii).

Mes délices sont d'être avec les enfants des hommes (Prov. viii).

Approchez-vous de lui et recevez sa lumière (Ps. xxxiii).

Venez à moi, vous tous qui souffrez et qui êtes chargés, et je vous soulagerai.

Jésus et Marie, mes très douces amours, que je souffre pour vous, que je meure pour vous, que je sois tout à vous et en rien à moi (B. Alph. Rodriguez).

Mon amour crucifié ! (S. Paschal).

O bon Jésus, enchaînez-moi par les liens de votre amour !

Vient ensuite la dédicace à la très sainte Vierge, si belle et si touchante. Puis on lit l'avis suivant :

L'Auteur au Lecteur.

« Quelques-unes des réflexions et des affections que
l'on va lire avaient été réunies par moi pour favoriser
le recueillement des jeunes gens de notre humble Congrégation dans la visite quotidienne qu'ils font, selon
notre coutume, au très saint Sacrement et à la très
sainte Vierge Marie. Un pieux séculier, qui faisait une
retraite dans notre maison, les leur entendit lire : elles
lui plurent, et il voulut que, pour le bien commun, on
les imprimât à ses frais. Il m'obligea par suite à en
augmenter le nombre, pour que les personnes pieuses
pussent s'en servir chaque jour du mois. Agréez donc,
mon cher lecteur, ce pauvre petit livre, qui a été fait
fort simplement, comme vous le verrez. Et je vous prie,
chaque fois que vous le pouvez, de ne point le lire
ailleurs qu'en présence de Jésus au très saint Sacrement, car vous y serez pénétré, bien plus qu'en tout
autre endroit, des douces flammes du divin amour. Je
vous demande aussi de recommander alors au très
saint Sacrement cette personne et moi, que nous soyons
morts ou vivants, puisque c'est votre bien que nous avons
recherché. Vivez avec Dieu et devenez saint. »

On se demandera peut-être quel était ce pieux laïque
dont la générosité porta saint Alphonse à livrer son petit
livre à l'impression. Il n'est nullement impossible que ce
soit D. Joseph de Liguori, le père même du saint Docteur. Tannoia nous apprend en effet qu'il aimait à se
retremper de temps à autre, à Ciorani, dans les exercices

d'une retraite : son désir aurait eu dès lors pour saint Alphonse, la valeur d'un commandement.

Quant aux novices qui eurent les premiers le bonheur de lire et de goûter les délicieuses *Visites* de leur bienheureux Père, il n'est pas sans intérêt de connaître leurs noms. Paulin Scibelli, Carmen Fiocchi, Blaise Amarante, Bernard Tortora, François San-Severino, Laurent d'Antonio, André Nola, Nicolas Moscariello, tels furent ceux qui firent retentir pour la première fois l'humble chapelle de Ciorani des séraphiques accents de leur illustre maître. Celui-ci, nous l'avons démontré, n'avait eu d'abord en vue que le bien spirituel de ses enfants ; mais Dieu, qui exalte les humbles et récompense magnifiquement le moindre acte d'amour, allait donner au « pauvre petit livre » une diffusion inouïe et répandre sur toute la terre, par son moyen, le feu sacré du divin amour.

Chapitre Neuvième.

Suite du précédent. — Diffusion du livre des Visites.
Première traduction française.

À PEINE publié, le petit livre des *Visites* se répandit avec une rapidité extraordinaire : ce n'était pas seulement un livre nouveau, répondant à un besoin généralement senti, c'était une production d'un genre et d'une rédaction fort peu connus dans ce dix-huitième siècle, d'une impiété si effrayante et d'une piété si combattue.

Nous n'apprendrons rien à nos lecteurs en leur disant que, non seulement en France, mais en Allemagne et même en Italie, le jansénisme avait fait d'affreux ravages. La morale s'en était profondément ressentie, l'ascétisme en avait été profondément vicié : une secte dont un des premiers principes en spiritualité était « que l'on doit faire en toute chose le contraire de ce que l'on aime [1] » avait tari, dans beaucoup de chrétiens, jusqu'aux plus légitimes sentiments du cœur. Quelle ne fut donc pas la surprise, disons mieux, l'admiration générale, quand on vit un livre très humble d'aspect, et composé sans aucune recherche, mais riche en affections et en prières délicieuses, mettre soudain

_____

(1) Perfection de la *Theologia sanctorum*, dit fort bien le P. Faber, perfection qui est à l'*Index* (Progrès de l'âme, chap. XIII).

l'âme chrétienne *telle qu'elle est,* avec ses misères et ses grandeurs, en présence du Sauveur des hommes *tel qu'il est* dans l'ineffable sacrement de son amour ! Les séraphiques ardeurs d'un cœur d'apôtre s'épanchaient, comme un fleuve intarissable, en trente et une *Visites,* et ce nom seul de *Visites,* brisant avec l'hypocrite austérité des jansénistes, conviait les âmes de bonne volonté à se presser autour du Sacré-Cœur. C'était donc du même coup donner aux meilleures affections de l'homme leur plus légitime objet, répandre de la façon la plus attrayante et la plus populaire, la dévotion au Sacré-Cœur de Jésus, et ramener à la table sainte les âmes sans nombre que la main glacée de l'hérésie en avait écartées presque sans retour.

Aussi le succès fut-il prodigieux. « Saint Alphonse, dit le P. Tannoia, put compter lui-même vingt-deux éditions à Naples et à Venise. Un jésuite zélé de Mayence en fit la première traduction en allemand, l'an 1757. Il appelle Alphonse « un homme entièrement épris d'amour envers Jésus-Christ. » L'an 1769, une autre édition parut à Cologne. Plusieurs furent aussi publiées en France : à Nancy, capitale de la Lorraine, l'an 1772, chez l'imprimeur Morta; à Lyon, en 1777 chez les frères Périsse; et à Paris, chez Graphard.[1] » Arrêtons-nous ici un instant pour compléter ce que dit le biographe de saint Alphonse touchant la traduction française de 1772.

---

(1) *Mémoires sur la vie et l'institut de saint Alphonse,* livre IV, chap. XXI.

Elle eut pour auteur le P. Doré, jésuite lorrain, qui professa, dit l'abbé Marguet, son compatriote et son ami, dans plusieurs collèges de la Compagnie, en Italie et ailleurs.[1] Il séjourna aussi une année en Sicile : c'est là qu'il connut les opuscules de saint Alphonse, entre autres ses *Visites au Saint-Sacrement.* Revenu à Saint-Nicolas-de-Port, près Nancy, il traduisit en français ce beau livre et envoya son travail à l'illustre évêque de Sainte-Agathe, en l'accompagnant de la lettre suivante :

Illustrissime, Révérendissime et très vénéré Seigneur et Père,

Un prêtre français, inconnu et bien éloigné de Votre Grandeur, a un vif désir de lui être agréable et de lui offrir un petit présent. Que Votre Grandeur me permette de lui en dire la raison.

Ayant eu le bonheur de connaître, durant une année de séjour en Sicile, vos délicieux opuscules spirituels, j'ai traduit en français, pour l'utilité de mon âme, les *Visites au Saint-Sacrement.* Puis, estimant qu'un tel ouvrage, si rempli de l'esprit de Dieu, serait souverainement agréable à toutes les personnes de piété s'il était livré à l'impression, j'entrepris ce travail, je le livrai à l'imprimeur, et, dans l'espace de quelques mois, la première édition fut complètement épuisée, de sorte que maintenant on en prépare une seconde : tant l'excellence

---

(1) *Vie de la chère sœur Louise Leclerc,* par M. Marguet, p. 27. — 1 vol. in-12. Nancy, 1850.

de votre ouvrage atténue les défauts de ma traduction !
Soyez donc consolé dans votre zèle en sachant que vous
faites un grand bien non seulement à l'Italie mais encore
à la France. Je désire ardemment que notre royaume
soit enrichi de toutes vos autres productions : je suis
sûr qu'elles y seront parfaitement accueillies.

Si Votre Grandeur daigne me favoriser d'une réponse,
qu'elle ait la bonté de l'envoyer à l'adresse suivante :
M. Doré, prêtre, à Saint-Nicolas près Nancy, en
Lorraine.

En vous priant d'excuser les fautes de ma lettre, car
je n'ai pas l'habitude de parler l'italien, et en vous
priant d'agréer ce faible gage de mon très profond
respect et de ma vénération, j'ose vous demander la
faveur de me recommander à Dieu. Je finis à la française en me disant, avec le plus profond respect,

De Votre Grandeur Illustrissime et Révérendissime,

Le très humble et très dévoué serviteur,

Pierre Doré, prêtre.

Saint-Nicolas, le 31 août 1772.

A l'Eminentissime et Révérendissime Seigneur
Mgr de Liguori, évêque de Sainte-Agathe-des-Goths,
au royaume de Naples, par Rome.

Saint Alphonse répondit de sa propre main au P. Doré
et le remercia affectueusement du service qu'il avait
rendu, par cette publication, à la piété des fidèles. « Il
est vivement à regretter, ajoute l'abbé Marguet, que

cette lettre, dont le bon P. Doré m'a parlé plus d'une fois, n'ait pas été retrouvée parmi ses papiers.[1] „

Les éditions françaises se succédèrent rapidement, et bientôt un disciple de saint Alphonse, le Vénérable P. Hofbauer, pouvait affirmer qu'il n'y avait presque personne en France qui n'eût les *Visites* entre les mains. Nous les trouvons dans le catalogue des livres de Madame Elisabeth ; le comte de Doudeauville se fait gloire d'avoir reçu un exemplaire de ce petit livre des mains de saint Alphonse lui-même;[2] en Italie, les cardinaux l'exaltent à l'envi, le saint Pape Pie VI l'a toujours sur sa table ; l'Espagne, la Pologne, la Suisse, l'Allemagne le voient traduire dans leur idiome ; la Belgique, fidèle à sa dévotion séculaire au très saint Sacrement, l'accueille avec enthousiasme : le chanoine Hennequin, de Liège, le fait imprimer à plus de deux mille exemplaires et informe saint Alphonse du succès prodigieux de l'ouvrage. Depuis ce temps, les éditions ne se comptent plus, et les *Visites* sont devenues un de

(1) La Révolution de 1793 trouva le P. Doré directeur des Dames Bénédictines du très saint Sacrement de Saint-Nicolas-de-Port. Il refusa le serment et fut l'objet de poursuites acharnées. Retiré ensuite à Nancy, il y dirigea la Congrégation de la Doctrine chrétienne. Ce fut lui qui traduisit aussi en français, pour la première fois, le *Mois de Marie* du P. Lalomia, jésuite italien, et cette admirable dévotion se répandit bientôt de la Lorraine dans toute la France. Il mourut en 1816.

(2) On a dit, à cette occasion, que saint Alphonse avait fait ses études en même temps que le comte de Doudeauville dans un collège de la Compagnie de Jésus. C'est une double erreur.

ces livres traditionnels que l'on est assuré de ren-
contrer, nous ne dirons pas seulement dans toute bibliothèque, mais dans toute famille chrétienne.

Un ecclésiastique du diocèse de Conza, au royaume
de Naples, décrivait jadis dans les termes suivants,
l'effet que la lecture des *Visites* avait produit sur lui :
« Dès que le livre fut entre mes mains (il l'avait reçu
de saint Alphonse), je ne manquai plus un seul jour de
faire ma visite, et chaque fois qu'il m'arrivait d'y lire
les considérations sur le détachement des choses de la
terre et des parents, sur la vanité du monde, et autres
semblables dont ce petit livre est rempli, je m'entendais
intérieurement reprocher de ne rien faire pour Dieu et
je portais envie à ceux qui s'étaient décidés à quitter le
monde.[1] » Bien des personnes auront éprouvé les mêmes
sentiments à la lecture de ce beau livre, et qui pourrait
compter les actes d'amour, les nobles réparations, les
vocations sublimes qu'il a provoqués, ou dont il est
encore tous les jours l'occasion ? Mais c'est là le secret
de Dieu.

---

[1] Cet ecclésiastique était l'abbé Ferrara. Il devint, dans la
suite, un des membres les plus méritants de la Congrégation du
très saint Rédempteur.

Chapitre Dixième.

Les portraits de saint Alphonse.

'HISTOIRE du portrait de saint Alphonse est assez curieuse. Joseph Remondini, imprimeur du Saint, voulut, en 1762, obtenir son portrait pour le mettre en tête de la *Morale* et donner à celle-ci plus de prix. Alphonse ne put s'empêcher de rire à cette proposition, refusa nettement, et finit par dire que l'ouvrage serait, au contraire, déprécié *si l'on s'avisait de mettre en tête une pareille momie.* Si nous avons son portrait, dit le P. Tannoia, nous en sommes redevables au serviteur Alexis et au chanoine Verzella qui, pressés par de nouvelles instances du libraire, firent secrètement pratiquer une ouverture dans la porte d'une salle où mangeait Alphonse. Ce fut ainsi que le peintre put saisir ses traits pendant un repas.

C'est sur le portrait dont nous avons parlé, mais surtout sur celui qui fut pris sur le lit de mort du Saint, que les peintres et les dessinateurs ont à l'envi travaillé et composé les tableaux ou les images que nous avons. On peut ramener à cinq les types de ces différentes compositions.

La dévotion au Saint-Sacrement, qui caractérisa saint Alphonse à un si haut degré, a fourni le premier type. La plus belle image en ce genre, à notre avis, représente le Saint la tête découverte, revêtu de la chape, et portant en main l'ostensoir; ses traits sont empreints d'une tendre piété. Une autre gravure le montre agenouillé au pied de l'autel, entouré d'Anges qui rendent leurs hommages au Dieu du tabernacle.

L'amour de Jésus crucifié, si vif chez le Saint, a aussi fourni matière à des images expressives et touchantes. Les plus beaux portraits en ce genre représentent Alphonse revêtu du rochet épiscopal,[1] tenant d'une main un crucifix qu'il désigne de l'autre main. Le saint est tout courbé par les années et la maladie; ses traits sont graves et respirent une vive componction. D'autres images, estimables en elles-mêmes, mais peu ressemblantes, nous montrent le fondateur des Rédemptoristes écrivant ses immortels ouvrages : il interroge du regard le crucifix qu'il a devant lui.

Les plus beaux portraits que nous connaissions sont ceux qui mettent aux mains de saint Alphonse le Rosaire. Les bras croisés sur la poitrine, la tête penchée, il égrène ce chapelet qui lui fut si cher et qu'il a tant recommandé. Ce portrait, tiré sur le masque qui fut pris après la mort du saint évêque, a le double avantage d'être conforme à la vérité historique et de rappeler la dévotion la plus chère du Saint.[2] D'autres gravures, également recommandables, le représentent

---

(1) Ce portrait est dû au zèle industrieux du chanoine Verzella dont nous avons parlé. Il fut placé, à l'insu du Saint, en tête de la 9e édition de la *Théologie morale* (1785).

(2) On le trouve chez M. Casterman, éditeur, Tournai.

ayant à ses côtés ou désignant du doigt une image de Notre-Dame du Bon-Conseil. Cette image est historique et doit être conservée.

Des portraits pleins de gravité et de grandeur ont uniquement visé l'évêque. Saint Alphonse y est représenté la crosse en main, mitre en tête, et bénissant. Quelques-uns le montrent assis sur son siège épiscopal, posant une main sur sa *Théologie morale* ou sur *Les Gloires de Marie*. Enfin, dans ces derniers temps, on a surtout cherché à reproduire le Docteur de l'Église. L'étude des maîtres pourra faciliter cette tâche difficile. Ce que nous croyons devoir demander aux peintres et aux artistes, c'est de ne pas écouter leur imagination quand il s'agit de représenter saint Alphonse, mais de consulter les portraits qui se rapprochent le plus de l'époque de sa mort (les plus sûrs, par conséquent), et de ne point lui donner des attributs ou caractéristiques qui ne lui appartiennent pas : la colombe, par exemple.

Aux portraits du saint Docteur, il faut rattacher les compositions qui retracent différentes scènes de sa vie. Nous citerons à cet égard, comme ayant donné lieu à des gravures instructives, les scènes suivantes :

1. Saint Alphonse donnant les règles de son institut aux Rédemptoristes et aux Rédemptoristines. — Belle gravure romaine. Ce sujet était représenté sur la bannière qui fut portée publiquement lors de la canonisation de saint Alphonse en 1839. — Il fait aussi l'objet d'un beau tableau qui se trouve dans l'église des Pères Rédemptoristes à Sainte-Marie *in Monterone*, à Rome.

2. Saint Alphonse dans la grotte de Scala.

3. Saint Alphonse bénissant du haut du ciel un novice de sa Congrégation qui fait le catéchisme aux enfants.

4. Saint Alphonse et le miracle de Foggia. — Des rayons partent de l'image de la très sainte Vierge et viennent frapper le visage du saint missionnaire : celui-ci est élevé de quelques palmes au-dessus du *palco*. — Cette scène a été souvent représentée dans les gravures et les vitraux. On en a donné parfois des images fort naïves.

5. Saint Alphonse évêque, indiquant du doigt à de jeunes enfants l'image de Notre-Dame du Bon-Conseil ou l'autel auquel on célèbre le saint sacrifice. — Cette dernière scène a été représentée de deux manières différentes, et avec succès.

6. Saint Alphonse bénissant les enfants dans sa vieillesse.

7. Saint Alphonse guérissant un aveugle.

8. Saint Alphonse assistant le Souverain Pontife Clément XIV à sa mort. — Ce fait extraordinaire a été admirablement représenté par M. de Rhoden dans un tableau qui orne l'oratoire des Pères Rédemptoristes de la villa Caserta, à Rome. — Cette belle peinture, bien supérieure au tableau du miracle de Foggia, du même artiste, a été reproduite par la gravure.

9. Saint Alphonse montant au ciel. — Imitation plus ou moins heureuse d'un tableau de Le Sueur.

10. Saint Alphonse présentant au divin Rédempteur sa double famille religieuse.

11. Saint Alphonse, apparaissant après sa mort à un religieux qui avait blâmé les honneurs rendus à sa mémoire, le reprend vivement de sa témérité.

12. Saint Alphonse accompagnant la très sainte Vierge et guérissant une malade qui l'avait invoqué.

Après avoir parlé des principaux portraits de saint Alphonse, il nous reste à donner quelques détails sur les miracles dont ils ont été souvent les intermédiaires.

Le P. Tannoia, dans sa belle *Vie de saint Alphonse* (Tome III), rapporte une foule de prodiges qui furent opérés, après la mort du Saint, par l'application de ces images. Il parle aussi d'un certain Vitus Capozzi, auquel on réclamait injustement une somme assez considérable, et qui eut recours à saint Alphonse. Il mit une de ses images dans les pièces du procès qui devait être examiné au conseil de justice, et, contre toute attente, il gagna sa cause. Le Saint avait daigné lui apparaître en personne et l'assurer du succès. — Un procès semblable, mais de beaucoup plus important, fut gagné en 1871 par une pieuse comtesse autrichienne. Celle-ci recourut à saint Alphonse, et non seulement elle gagna les 40,000 florins (100,000 francs) qu'elle craignait de perdre, elle en gagna encore dix mille autres.

En 1818, au diocèse d'Aix en Provence, Agnès Bastide se trouvait à ses derniers moments. Le 2 août, elle fut subitement guérie par l'application d'une image d'Alphonse, alors déclaré Bienheureux. Sa guérison est insérée au Procès de Canonisation. (*Dernière réponse aux objections concernant les miracles*).

Les images de saint Alphonse ont plus d'une fois échappé miraculeusement à l'incendie. L'église de Knittelfeld, en Autriche, possède une image de ce genre que le Vénérable P. Hofbauer avait donnée à un paysan.

et qui ne fut pas même touchée par les flammes qui l'entourèrent. — Enfin en 1867, le village de Courmayeur, dans la vallée d'Aoste, fut témoin d'un fait bien extraordinaire. Un livre protestant, qui renfermait par hasard une image de saint Alphonse, fut jeté au feu. Le livre fut dévoré en un instant par les flammes, mais l'image demeura absolument intacte. M. le chanoine Bérad fit une enquête sur ce fait prodigieux et adressa son rapport à Mgr l'évêque d'Aoste. La conclusion fut sur-le-champ tirée par les habitants du village : *Voilà donc,* dirent-ils, *ce que valent les livres protestants ! Le bon Dieu l'a bien fait voir.*

Chapitre Onzième.

Les Vies *de saint Alphonse.*

ANDIS que la mémoire des impies est en horreur à tous les gens de bien et tombe promptement dans l'oubli, celle des justes, bénie sur la terre comme dans le ciel, reçoit les hommages les plus durables. Parmi ces hommages, on peut assurément compter les écrits destinés à retracer la vie des Serviteurs de Dieu. La parole passe, mais l'écriture demeure : gardienne des hauts faits qu'elle célèbre, elle les transmet aux générations comme un incorruptible héritage. A ce point de vue, la gloire de saint Alphonse est grande ; car *plusieurs de ses fils,* plusieurs même de ceux qui n'appartenaient point à sa famille religieuse, *se sont levés* pour chanter ses louanges. Donnons donc la liste (incomplète du reste) des *Vies* de ce grand Saint, en accompagnant de quelques remarques celles qui nous sont plus particulièrement connues.

(1796). — Cette année vit paraître à Rome un *Abrégé de la vie du vénérable Serviteur de Dieu Alphonse-Marie de Liguori,* par Hyacinthe Amici, défenseur de la cause, et par le P. Cardone, rédemptoriste, postulateur de cette cause. — Nous avons eu occasion de parler de l'illustre Amici.

(1796-1800-1802). — A ces trois dates parurent à

Naples les *Mémoires sur la vie et l'institut du Vénérable Serviteur de Dieu Alphonse-Marie de Liguori,* par
le P. Antoine-Marie Tannoia, rédemptoriste. 3 vol.
in-4°. — Cet important ouvrage est la source à laquelle
ont puisé tous les biographes du saint Docteur. Il offre
l'immense avantage d'avoir été composé par un témoin
oculaire de la vie de saint Alphonse ; le P. Tannoia fut
en effet un des disciples chéris du Saint, et il fut active-
ment mêlé à bon nombre d'événements qu'il raconte..
Habile écrivain, simple et pieux narrateur, il a peint
avec une remarquable fidélité la grande et belle figure
de son héros. Mgr Dupanloup, qui appelait les Mémoires
un inappréciable trésor, a dit avec raison : « Qui peut
parler des saints comme ceux qui les ont connus, qui
ont vécu avec eux, qui ont subi pendant de longues
années l'ascendant de leurs vertus ? Ceux surtout qui ont
été leurs disciples, leurs amis, qui ont eu le bonheur de
converser avec eux et d'être admis dans leur intimité,
ceux-là ont un accent que d'autres n'auront jamais.
Voilà pourquoi la *Vie de saint Vincent de Paul,* par
Abelly, et la *Vie de saint Liguori,* par Tannoia, malgré ses longueurs, ont un mérite qu'il est bien difficile
de surpasser ou même d'égaler. »

Les *Mémoires* furent traduits en français en 1842,
sous les auspices du R. P. Heilig, rédemptoriste, et
dédiés par lui à l'illustre cardinal Gousset. (Paris,
Gaume. 3 vol. in-8°).

(1802). — Un nouvel *Abrégé de la vie, des vertus et
des miracles du Vénérable Serviteur de Dieu* parut à
Rome. Il avait pour auteurs D. Hyacinthe Amici, et le

P. Giattini, postulateur de la cause. — Cette œuvre remarquable, où sont mis à profit les trésors renfermés dans le procès de Béatification, fut traduite en français en 1836.

(1816). — La Béatification de saint Alphonse, qui eut lieu en cette année, donna lieu à la publication de la *Vie du Bienheureux Alphonse-Marie de Liguori*, par le P. Giattini. — Cet excellent ouvrage compte plusieurs éditions en italien ; il fut aussi traduit en notre langue.

(1829). — M. l'abbé Jeancard, vicaire général de Marseille, dédia, cette année-là, à Mgr Mazenod, son évêque, la *Vie du Bienheureux Alphonse-Marie de Liguori*, qu'il avait composée en s'aidant des travaux antérieurs. Cet ouvrage parut d'abord à Louvain, et mérita, en 1837, les honneurs d'une traduction en allemand. Il contribua puissamment à faire connaître le Saint, dont les doctrines étaient alors si vivement combattues par les gallicans, mais si vigoureusement défendues par celui qui devait être un jour le cardinal Gousset.

(1833). — *Le modèle des évêques et des prêtres. Vie du Bienheureux Alphonse de Liguori*, par M. l'abbé Verdier, du diocèse de Clermont. — Clermont-Ferrand.

(1834). — En cette année, le R. P. Rispoli, consulteur général de l'institut fondé par saint Alphonse, fit paraître à Naples une *Vie* fort estimable de son Bienheureux Père.

(1839). — La canonisation de saint Alphonse fournit au P. Giattini l'occasion de publier son *Abrégé de la vie de saint Alphonse.*

(1855). — Un Père rédemptoriste anglais publie, à Baltimore, une *Vie de saint Alphonse.* — Cet ouvrage donna aux catholiques anglais une connaissance plus étendue de la vie et des ouvrages du Saint. Ils avaient commencé à vénérer sa mémoire lors de la publication d'une *Notice* du cardinal Wiseman, notice bien faite qui parut peu après la canonisation du Saint. Elle fut traduite en français et publiée par M. l'abbé Migne ; puis, par Mgr Paul Guérin dans ses *Vies des Saints.*

Une autre *Vie de saint Alphonse,* empruntée à l'ouvrage italien de 1839, avait aussi paru dans les *Vies des Saints,* d'Alban Butler, (Chez Sadlier, à New-York).

Enfin en 1880, la *Vie de saint Alphonse* de la nouvelle édition de Surius, fut traduite en anglais et éditée par le T. R. P. Coffin, rédemptoriste. Le savant traducteur la fit précéder d'un chapitre sur la dignité de Docteur de l'Église. (Dublin, Gill, éditeur).

(1856). — Une excellente *Vie de saint Alphonse* fut publiée à Saint-Michiels Gestel par le R. P. Bossers, rédemptoriste hollandais.

(1857). — *Saint Alphonse-Marie de Liguori, évêque de Sainte-Agathe des Goths, et son institut,* par le R. P. Hugues, de la congrégation du T. S. Rédempteur. (1 volume in-12. En allemand.)

(1862.) — Deux *Vies* du Saint parurent cette année ; l'une composée par M. l'abbé Bernard, professeur à La Marche (Vosges) : elle annonçait une suite, la *Doctrine spirituelle du Saint,* qui n'a point, croyons-nous, été publiée. — L'autre a pour auteur S. G. Mgr Mullock, évêque de New-fudland, et parut à Dublin.

(1863). — *Vie et institut de saint Alphonse-Marie de Liguori.* (4 vol. in-8°, chez Casterman, Tournai). S. E. le cardinal Villecourt voulut terminer sa sainte et laborieuse carrière par la composition de ce bel ouvrage, destiné à retracer la vie d'un évêque digne des premiers siècles de l'Église. Il puisa plus largement qu'on n'avait fait jusqu'alors, dans le *Procès de canonisation* du Saint, traita en particulier des *vertus* de saint Alphonse (ce que n'avait point fait d'une manière aussi expresse le P. Tannoia), et consacra une grande partie de son quatrième volume à l'étude des écrits de son héros. La quantité de faits renfermés dans ce beau travail est immense ; il est aussi le seul, à notre connaissance, qui puisse donner une idée exacte des ouvrages de saint Alphonse et de leur influence. — Le vénérable auteur consulta encore avec fruit : *Lo spirito di santo Alfonso,* ouvrage italien dû à la plume du P. Berruti, qui fait néanmoins désirer un ouvrage plus approfondi sur la matière.

(1870). — Une *Vie* assez courte parut à Tours, chez Mame, aux initiales D. S. — Vers cette époque, M. l'abbé René Gillet en publia une autre chez Lefort, à Lille.

(1873). — Cette année vit paraître l'ouvrage intitulé : *Saint Alphonse de Liguori, Docteur de l'Église,* par l'auteur de la *Vie du Bienheureux Pierre Fourier.* — Tournai, Casterman.

(1874). — Le P. Victor Lojodice, rédemptoriste, publia en espagnol une *Vie* importante de son saint saint Fondateur. (1 vol. in-8°).

En cette même année parut à New-York (un bel in-8°)

une *Vie de saint Alphonse,* par un membre de l'ordre
de la Merci. — Réimprimée en 1882.

(1877). — L'*Histoire de saint Alphonse de Liguori.*
1 vol. in-8°, Paris, chez Poussielgue), obtint sur-le-
champ un grand et légitime succès. La chaleureuse lettre
par laquelle Mgr Dupanloup recommanda cet ouvrage,
accrut l'élan qui se manifesta autour de ce beau livre ;
il faut dire que cette lettre était pleinement justifiée.
Nous ne connaissons point en effet de *Vie* de saint
Alphonse qui, dans un cadre de juste mesure, retrace
avec plus d'habileté et en un meilleur style, les divers
aspects de cette carrière si pleine et si féconde. Il y a là
un art, un talent de narration, une entente du sujet,
qui dénotent chez l'auteur une profonde expérience.
Certaines parties du livre, l'épiscopat de saint Alphonse,
par exemple, sont faites de main de maître. Nous aurions
bien quelques légères réserves à faire sur certains
points ; mais nous rendrons à l'auteur cette justice qu'il
a pleinement tenu sa promesse : en saint Alphonse, il
a surtout voulu peindre le Saint ; il l'a fait et bien fait.

(1877). — Une *Notice* étendue, rédigée en latin et
destinée à la nouvelle édition des *Vies des Saints* du
chartreux Surius, retraça en abrégé la vie de saint
Alphonse. Ceux qui savent au prix de quelles difficultés
un abrégé peut réunir la concision, l'exactitude et la
mesure suffisante, conviendront que le R. P. Frédéric
Kuntz, l'auteur de la *Vie du Vénérable Frère Gérard,*
a parfaitement réussi dans son travail.

(1878). — Un Père rédemptoriste hollandais publie à
Bréda une bonne *Vie* du saint Docteur. Elle fut tra-

duite en allemand en 1886. — On peut aussi compter au nombre des hommages rendus à saint Alphonse par la Hollande, l'excellente Revue *Le Missionnaire du peuple,* que les rédemptoristes de ce pays publient avec un si légitime succès.

(1879). — Le R. P. Saintrain, rédemptoriste belge, ajoute à ses nombreuses publications une *Vie de saint Alphonse.* (1 vol. in-12). Nos lecteurs n'ont pas oublié l'article élogieux par lequel la *Sainte-Famille* salua cet ouvrage dès son apparition. — Le livre a été plusieurs fois réédité depuis. (Casterman. Tournai). — Une traduction libre de cet ouvrage, due au R. P. Gérard Schepers, rédemptoriste, parut en allemand en 1884. (Ratisbonne).

(1886). — *Saint Alphonse de Liguori, fondateur d'ordre, évêque, et Docteur de l'Église. Sa vie et ses œuvres.* Par Gisler Otto. 1 vol. in-8°. (Einsiedeln, Benziger. — En allemand).

(1887). — Enfin, une *Vie* importante *de saint Alphonse,* due à la plume d'un écrivain exercé, le R. P. Dilksgron, rédemptoriste autrichien, a paru cette année à Ratisbonne (Pustet). 2 vol. in-8°. L'Autriche catholique aura ainsi dignement célébré le centenaire du saint Docteur, en cette même année où la Béatification de son illustre Clément-Marie Hofbauer la fait tressaillir de joie.

Chapitre Douzième.

Associations placées sous le patronage du saint Docteur.

ES associations placées sous le patronage de saint Alphonse sont une des preuves les plus frappantes de la vénération dont ce grand Saint est l'objet. Les unes visent particulièrement en lui le serviteur de Marie ; les autres, le théologien éminent que l'Église a tant recommandé ; d'autres, l'infatigable apôtre des âmes ; quelques-unes, l'évêque charitable dont le cœur était ouvert aux nécessités des pauvres ; toutes honorent en même temps, sous ces divers aspects, le Saint dont les mérites ont reçu les plus magnifiques récompenses.

I. Nous placerons en première ligne l'*Archiconfrérie de Notre-Dame du Perpétuel-Secours et de saint Alphonse de Liguori,* canoniquement établie par le Saint-Siège et enrichie d'indulgences. Nos lecteurs savent comme nous avec quel succès cette association s'est répandue par tout l'univers, comment elle stimule en chacun de ses membres l'esprit de prière, et par quelles faveurs la très sainte Vierge répond aux hommages qui lui sont rendus. Sans entrer ici dans les détails, nous dirons seulement que la pensée d'associer sous un même vocable Notre-Dame du Perpétuel-Secours et saint Alphonse a été des plus heureuses.

L'apôtre des *Gloires de Marie* a pris ainsi une voix jusqu'à la fin des siècles pour recommander aux fidèles la dévotion qu'il prêcha avec tant d'ardeur durant sa vie, et son puissant patronage est assuré à tous ceux qui remplissent sérieusement les conditions, faciles du reste, imposées par l'Archiconfrérie.[1]

II. Saint Alphonse est le patron de plusieurs associations de prêtres zélés.

Nous citerons en particulier : A Naples, l'*Association de l'apostolat du Sacré-Cœur de Jésus, sous le patronage de saint Alphonse de Liguori.* Elle a été établie par Son Eminence le cardinal-archevêque de Naples, Mgr Guillaume San-Felice. Elle a pour but de former les jeunes prêtres au ministère apostolique. Dans ses constitutions synodales de 1882, l'éminent prélat qui gouverne l'église de Naples, engage les membres de l'Apostolat *à se pénétrer profondément de l'esprit de la Congrégation, et à marcher avec soin sur les traces de leur saint Patron et Protecteur.*

Dans le même synode de 1882, le premier qui eût été tenu à Naples depuis un siècle et demi, Son Eminence Mgr San-Felice recommanda à tous ses prêtres de s'appliquer, par-dessus tout, à l'étude de la Théologie de saint Alphonse. Nous avons dit, dans un précédent chapitre, avec quelle science le Collège Théologique de Naples avait jadis plaidé auprès du Saint-Siège la cause du Doctorat.

(1) L'archiconfrérie a un bulletin mensuel, inséré dans la *Sainte-Famille.*

A Turin, Son Eminence le cardinal Alimonda a placé
la belle œuvre des *Conférences de morale* sous le
patronage du saint Docteur. Pourquoi n'imiterait-on
point ailleurs un si bel exemple? Déjà plusieurs séminaires ont introduit dans leur salle de théologie les
portraits de saint Thomas et de saint Alphonse ; les
conférences ecclésiastiques ne pourraient que gagner à
s'abriter aussi sous un pareil patronage.

En Amérique, une société de prêtres s'est formée
comme d'elle-même au sein des montagnes les plus recu-
lées. Les lecteurs de la *Sainte-Famille*[1] savent avec
quelle douce surprise on put lire, dans le numéro d'octobre 1882 de cette revue, le passage suivant d'une lettre
venue de l'Équateur : « A Santiago de Bolivie, le curé
» nous fit un accueil des plus empressés : il était liguo-
» rien. Il s'est formé, il y a trois ans, à la Paz (4300
» mètres au-dessus du niveau de la mer) une réunion
» de prêtres (*sociedad ligoriana*) sous le patronage de
» saint Alphonse, sans le concours et à l'insu de nos
» Pères. Ces messieurs sont au nombre de vingt envi-
» ron ; ils se réunissent fréquemment, font des exerci-
» ces de prédication, étudient ensemble, et vivent sous
» une espèce de règle. Tous sont jeunes et pleins de
» zèle : c'est l'espoir de ce pays. » (Lettre du R. P. Lange,
rédemptoriste.)

C'est encore une pensée de zèle qui a fait établir à

---

(1) La *Sainte-Famille,* revue ascétique mensuelle, rédigée par
quelques Pères Rédemptoristes. (Avon, Seine-et-Marne). Prix :
4 fr. par an.

Naples, dans l'église de Notre-Dame de la Rédemption des captifs, *l'Archiconfrérie de la Merci et de saint Alphonse*; qui a provoqué la fondation à Bergame, sous le patronage du Saint, une *Association pour combattre les mauvais livres*. Le saint Docteur est aussi le patron de la *Confrérie du salut des âmes*, érigée dans l'église Saint-Paul, à Plaisance.

Mentionnons enfin la belle institution des *Oblats de saint Alphonse*, due à l'initiative de Mgr Antoine Gianelli, évêque de Bobbio, dans les États Sardes. Les *Oblats* étaient destinés, dans la pensée de leur fondateur, à former de saints prêtres par la direction des séminaires, et surtout à prêcher des missions. Un Bref laudatif en date du 30 août 1839 (on remarquera cette date : c'est l'année de la canonisation de saint Alphonse) encouragea cette belle œuvre. Elle a malheureusement disparu dans la tourmente révolutionnaire de 1848.[1]

III. L'Italie, on le voit, et la chose est d'ailleurs fort naturelle, a la plus grande part dans ces associations. Mais la ville de Naples donne vraiment l'exemple à toute la péninsule. Non seulement elle est placée sous la protection spéciale du saint Docteur; non seulement elle conserve avec respect, dans plusieurs de ses églises, quelque souvenir qui rappelle la vie d'un de ses plus illustres enfants; non seulement son clergé se fait gloire, comme nous l'avons dit, de suivre la doctrine du Saint et d'imiter ses exemples; elle compte encore dans son

(1) *Vie de Mgr Antoine Gianelli*, évêque de Bobbio et Conte, par le P. Antoine Pellicani, livre III, chap. VII. (Gênes, 1878).

sein une association de charité qui peut rivaliser avec les confréries les plus ferventes de ce genre. *L'Associazione giovanile di santo Alfonso* est formée, comme son titre l'indique, de pieux jeunes gens appartenant aux meilleures familles de Naples. Elle est dirigée par les Pères Pieux-Ouvriers, et son siège est établi dans l'église Saint-Georges le Majeur. Elle s'occupe avant tout de recueillir les enfants orphelins, de leur faire donner une éducation convenable, et d'assurer leur avenir. Mais elle embrasse aussi les œuvres catholiques les plus estimées, telles que celles du *Denier de Saint-Pierre*, de la *Sainte-Enfance*, des *Hôpitaux*. Grand nombre d'évêques sont membres honoraires de cette Association qui a pris une extension considérable; toute la noblesse de Naples, peut-on dire, tient à honneur de la soutenir et de l'encourager. Aussi la trouve-t-on partout au premier rang, et si quelque malheur public vient à éclater, si quelque grand scandale exige une réparation spéciale, on est sûr de voir l'*Association de saint Alphonse* prendre l'initiative, secourir les malheureux, ou faire amende honorable par une manifestation pieuse.

En terminant cette énumération, forcément incomplète, des associations placées sous le patronage du saint Docteur, nous ferons une simple réflexion. Pourquoi des œuvres catholiques ne prendraient-elles pas aussi ce grand Saint pour protecteur dans notre France? Pourquoi les jeunes gens pieux, les prêtres zélés, n'abriteraient-ils pas sous son égide les projets que Dieu leur suggère peut-être pour combattre le mal et défendre la cause du bien? Saint Alphonse, de son vivant, a encouragé, provoqué, établi tant d'œuvres pieuses ! Ses livres fournissent tant de lumières sur toutes les circonstances difficiles qu'une société, une paroisse, une association peuvent traverser ! Sa vie et ses exemples sont une source si féconde d'enseignements ! L'évêque, le prêtre, le religieux, le savant, le jurisconsulte, le théologien sont sûrs de trouver en lui le plus admirable modèle, et le plus humble fidèle est assuré de puiser dans ses beaux livres les enseignements les plus pratiques. Allons donc à ce grand Saint, et dans la lutte gigantesque qui se livre aujourd'hui et à laquelle chacun doit prendre part, invoquons l'aide de celui qui livra au mal de si rudes combats. Saint Alphonse ne connut jamais la peur : ses protégés fidèles sont assurés d'être les soldats intrépides de la bonne cause.

Chapitre Treizième.

Les reliques de saint Alphonse.

A vénération dont on entoure les reliques du saint Docteur, s'explique peut-être moins par les considérations relatives à son génie, à ses vertus, à ses miracles, que par l'intention formelle de la Providence. Celui, en effet, qui s'humilia si profondément durant sa vie, celui qui voulut en quelque sorte s'humilier même après sa mort, Dieu le glorifia singulièrement aux yeux du monde entier.

L'obscurité dans laquelle saint Alphonse voulut mourir n'est un mystère pour personne. Ce fut dans un pauvre couvent, dans cette pauvre chambre de Pagani dont on baise aujourd'hui les murailles, que le saint Docteur rendit sa belle âme à Dieu. On voulut, comme on avait fait pour d'autres, le saigner après sa mort; mais nul sang ne jaillit de l'incision qui fut pratiquée, et saint Alphonse l'avait jadis prédit. « Qu'on ne fasse pas avec moi de pareils mystères, dit-il un jour; car du sang, je n'en donnerai point. » (Tannoia. *Mémoires*, iii, 318.) La Providence secondait ainsi son amour pour l'humilité. Mais ce fut bien autre chose quand on vit avec surprise échouer le projet le plus légitime en apparence, celui d'élever au Saint un magnifique mausolée de marbre, accompagné de pompeuses inscriptions; des circonstances imprévues empêchèrent toujours la réalisation de ce projet. On dut se contenter, à la fin, de poser sur le caveau où reposaient les restes précieux, une simple tablette de marbre portant l'inscription suivante, que nous traduisons du latin :

Ci-gît le corps
de l'Illustrissime et Révérendissime Seigneur en Dieu,
D. Alphonse de Liguori,
Evêque de Sainte-Agathe des Goths,
Fondateur de la Congrégation du T. S. Rédempteur.

Cette fois encore, l'humilité devenait l'apanage du Serviteur de Dieu et répondait à ses plus intimes désirs.

Mais le moment marqué par Dieu pour la glorification d'Alphonse allait sonner. Déjà on s'était disputé à l'envi les moindres objets qui avaient appartenu au saint évêque ; déjà ses moindres écrits avaient été répandus, ainsi que ses portraits, à profusion ; la grande voix des miracles vint attacher un nouveau prix à ses reliques, et l'on songea à rendre un culte formel au Bienheureux que l'Église avait acclamé. En 1820, quelques années après la Béatification d'Alphonse, une belle chapelle recevait à Pagani les restes mortels du Serviteur de Dieu, les marbres précieux la décoraient magnifiquement, et l'inscription suivante y attestait la piété reconnaissante des Pères Rédemptoristes napolitains :

Ce sanctuaire
dans lequel reposent les restes vénérables
du Bienheureux Alphonse de Liguori,
les Fils d'un si noble Père
l'ont orné de marbres précieux,
en témoignage de leur gratitude et de leur soumission.
Les frais en ont été couverts en grande partie
par Mgr Fabrice Cimino, évêque d'Oria,
jadis compagnon du Bienheureux.
L'an du Seigneur 1820.

Près de trente ans plus tard, une scène magnifique se
passait dans cette même chapelle, splendidement enrichie par Mgr Coclé, archevêque de Patras *in partibus*,
jadis Recteur Majeur de la Congrégation du très saint
Rédempteur. C'était en 1849. Pie IX, de sainte mémoire,
avait dû fuir devant la révolution, et le roi de Naples,
Ferdinand II, lui avait donné à Gaëte une hospitalité
vraiment royale. Au milieu de ses douleurs, Pie IX se
souvint de saint Alphonse; il voulut aller vénérer, au
lieu même où il reposait, le corps sacré de l'illustre
évêque de Sainte-Agathe. Le 8 octobre, il quitta donc
Portici en compagnie du roi Ferdinand II, du comte de
Trapani, du cardinal Antonelli, de Mgr Coclé, et vint à
l'humble couvent de Pagani. Il célébra les saints mystères à l'autel du Saint; puis, par une de ces attentions
dont il avait le secret, il tira de son doigt le magnifique
anneau pastoral qui l'enrichissait, et se prosternant
devant le corps de saint Alphonse, remplaça l'anneau

de celui-ci par son précieux présent.[1] Les témoins de cette scène touchante voulurent en perpétuer le souvenir, et l'inscription suivante la redira aux siècles futurs.

Le souverain pontife Pie IX,
voulant vénérer les reliques
de saint Alphonse-Marie de Liguori,
se rendit à Nocera de Pagani
le 8 octobre 1849.
Les saints mystères célébrés,
Il tira de son doigt un anneau précieux
dont il orna le corps du Saint.
Puis il bénit
le pieux Ferdinand II, roi des Deux-Siciles,
les fidèles accourus en grand nombre,
et passa quelque temps au monastère.
Pour éterniser le souvenir
d'un pareil don et d'une pareille bonté,
le R. P. Célestin-Marie Berutti,
Recteur majeur de la Congrégation
du très saint Rédempteur,
fit placer ce marbre,
l'an du salut 1856.

Nous devrions maintenant, pour être complet sur un si beau sujet, parler des innombrables pèlerins qui sont allés s'agenouiller devant les restes mortels du saint

---

(1) Une gracieuse peinture de l'église des Pères Rédemptoristes à Boulogne-sur-Mer représente cette scène.

Docteur. On lira plus loin les belles pages des *Trois Rome,* dans lesquelles Mgr Gaume, raconte sa visite à Nocera (Pagani). Il mérite bien d'être nommé ici, ce savant laborieux et modeste, qui contribua puissamment à introduire en France la doctrine de saint Alphonse. Citons encore, parmi les pèlerins illustres, Mgr de Mazenod, le cardinal Gousset, le cardinal Dechamps, Mgr Plantier, évêque de Nîmes, Sa Grandeur Mgr Richard, archevêque de Paris, et tant d'autres pieux évêques, tant de savants écrivains, qui sont allés demander au saint Docteur l'amour des vraies doctrines, le zèle pour le salut des âmes, le courage pour combattre le bon combat. Qui nous dira avec quel respect ils reçurent quelques reliques du corps de saint Alphonse, quelques-unes de ses lettres, quelque petit objet qui avait été à son usage? L'empressement pour se procurer ces précieux souvenirs n'a fait que s'augmenter de nos jours, et le Saint-Siège a même dû mettre une borne à ce zèle qui aurait pu devenir indiscret. Citons ici une partie du décret, si glorieux pour saint Alphonse, qui défend de toucher désormais au corps du saint Docteur sans la permission expresse du Souverain Pontife.

« Depuis qu'un solennel décret du Siège Apostolique a inscrit saint Alphonse de Liguori parmi les Docteurs de l'Église à cause de l'excellence de sa doctrine, la piété des fidèles envers ce saint Docteur a pris un singulier accroissement, et le désir d'obtenir de ses reliques s'est accru à tel point, que les Pères de la Congrégation du très saint Rédempteur ont craint que les restes mortels de leur Bienheureux Père ne

» subîssent un notable dommage. Aussi notre cher Fils
» Nicolas Mauron, supérieur général de cette Congré-
» gation, Nous a-t-il instamment demandé de vouloir
» bien placer ce précieux dépôt sous Notre juridiction
» et protection spéciales et sous celles du Siège Apos-
» tolique. C'est pourquoi, répondant favorablement à
» ces prières, et marchant sur les traces de Nos Pré-
» décesseurs, Nous soumettons et voulons que soient à
» jamais soumis à Notre pouvoir et protection et à celles
» du Siège Apostolique, les restes mortels de saint
» Alphonse-Marie de Liguori, fondateur de la Congré-
» gation du très saint Rédempteur, évêque de Sainte-
» Agathe des Goths et Docteur de l'Église, tels qu'ils se
» trouvent à Nocera de Pagani dans l'église de Saint-
» Michel. Il est donc interdit à qui que ce soit, de quel-
» que autorité qu'il soit revêtu, et sous peine d'excom-
» munication *latæ sententiæ* réservée au Souverain
» Pontife, d'ouvrir sans la permission expresse du Pon-
» tife romain, l'urne qui renferme ces saintes dépouilles,
» ou d'en extraire la moindre parcelle. La même défense
» protège d'ailleurs les restes sacrés de saint Ambroise,
» de saint Augustin, de saint François de Sales, Doc-
» teurs de l'Église, ceux de saint Antoine de Padoue et
» de beaucoup d'autres Saints. »

Ce décret du 1er février 1884 fait comprendre avec
quel respect l'Église traite les reliques des Saints. Elle
n'en permet point une distribution inopportune et pro-
digue, et veut que l'on apprécie à leur juste valeur de
pareils trésors. Rome elle-même, on le voit, ne veut
pas que le corps du saint Docteur soit ravi à l'humble

couvent de Nocera ; mais en même temps, elle a voulu jadis donner asile en son sein à une partie de ces glorieuses dépouilles. C'est, en effet, le Souverain Pontife Pie VII, ce Pontife qui souffrit de si cruelles persécutions et *qui priait en Pape,* pour rappeler une expression célèbre, ce fut lui, disons-nous, qui procura à la Ville Éternelle le pouce, l'index, et l'annulaire de la main droite de l'*Apôtre de la prière.* « *Qu'ils viennent à Rome,* avait-il dit, *ces saints doigts qui ont si bien écrit pour la gloire de Dieu, de la très sainte Vierge Marie, et de la Religion.*[1] »

(1) Cardinal Villecourt. *Vie de saint Alphonse.* Tome IV, p. 247.

Chapitre Quatorzième.

Souvenirs d'Italie se rapportant à saint Alphonse. — Une visite à Nocera, par Mgr Gaume.

APRÈS les reliques proprement dites du saint Docteur, il n'est rien de plus intéressant à visiter que les villes diverses où il reste des souvenirs se rattachant à son culte.

Pour commencer par NAPLES, le voyageur peut contempler encore aujourd'hui le palais des Liguori, entièrement modernisé ; l'église de Sainte-Marie des Vierges, où saint Alphonse reçut le sacrement de la régénération ; celle des Pères de l'Oratoire, où une inscription rappelle que le saint Docteur la fréquentait dans son enfance : *Qui sedeva san Alfonso fanciullo. Ici s'asseyait saint Alphonse enfant.* Dans une chapelle dite *des étudiants*, qui sert maintenant pour les catéchismes aux ouvriers, on voit la chaire dans laquelle montait saint Alphonse pour enseigner la doctrine chrétienne. — A la cathédrale, dans la chapelle dite de la *Propagande*, le portrait du saint Docteur est à son rang parmi ceux des membres les plus distingués de cette congrégation de missionnaires. Enfin, l'église de Notre-Dame de la Merci possède une fiole renfermant du sang de saint Alphonse : ce sang s'est plus d'une fois liquéfié en présence de personnages vénérables qui demandaient à le contempler. Cette

église possède encore un autre souvenir remarquable.
« Notre première visite à Naples, écrivait, en 1847, celui
qui fut plus tard le cardinal Dechamps, fut pour la chapelle de Notre-Dame de la Merci, où saint Alphonse,
encore jeune, offrit à Dieu par les mains de sa céleste
mère, son épée de chevalier, avant de prendre les livrées
de Jésus-Christ. L'épée est toujours là, aux pieds de la
statue de Marie.[1] »

Dans son beau livre *Les trois Rome,* Mgr Gaume
raconte la visite qu'il fit à Naples au couvent des Lazaristes, où on lui montra le fameux tableau de l'âme
damnée qui fit tant d'impression sur l'âme du jeune
Alphonse.[2]

« Avec une cordialité que je n'oublierai jamais, le bon
père F... me fit les honneurs de la maison. Après m'avoir
montré l'église, la chapelle intérieure, les jardins, les
cloîtres, etc. : « Maintenant, me dit-il, il faut que je
vous fasse voir une cellule qui est pour nous un précieux
sanctuaire ; » et il m'ouvrit la modeste chambre dans
laquelle le jeune de Liguori venait faire sa retraite
annuelle. « Peut-être, ajouta l'aimable vieillard, ne
seriez-vous pas fâché de faire connaissance avec le pré-

(1) *Vie du cardinal Dechamps,* par le R. P. Saintrain, rédemptoriste. 1 vol. in-8°. Casterman. Tournai. p. 37.

(2) A l'âge de seize ans, Alphonse fut reçu, par acclamation, docteur de l'Université de Naples ; ce brillant succès ne l'éblouit pas
un instant. Jaloux de conserver la pureté virginale de son cœur,
dont l'orgueil est le plus dangereux ennemi, le saint jeune homme
se retirait souvent dans la solitude pour y fortifier sa vertu. Son
asile privilégié était la maison des Lazaristes.

dicateur qui *convertit* saint Alphonse ? Il est chez moi, venez. "

Nous entrâmes dans la chambre du missionnaire, qui me fit asseoir près de lui, en face d'un tableau couvert d'un voile épais. " Ce tableau, me dit-il, est à la Mission depuis environ cent ans ; il nous a été envoyé par un de nos Pères de Florence. La vérité du fait qu'il rappelle est attestée par des preuves toujours visibles, par le témoignage de nos Pères de Florence, et par la déposition jurée du héros de cette effrayante histoire : nous conservons dans nos archives le procès verbal authentique de tout cela. Donc, un vieillard de Florence entretenait depuis longtemps des rapports criminels avec une femme. Après une résistance opiniâtre à la grâce, il se convertit ; mais la femme demeure impénitente : elle meurt. Or, un soir que cet homme était en prières dans sa chambre, au pied d'une grande image de Notre-Seigneur en croix, il entend autour de lui comme le bruit d'un ouragan, du milieu du bruit une voix lugubre, la voix de la femme, qui crie : " Je suis damnée ! Par la permission de Dieu, je viens vous donner une marque de l'activité du feu qui me brûle. " A l'instant, deux mains de feu sont imprimées, avec les cinq doigts, sur le tableau, qu'elles percent de part en part. " En prononçant ces paroles, le Père lève le voile, et je vois, en effet, sur la vieille gravure, l'empreinte de deux mains brûlantes, qui ont enlevé, comme un emporte-pièce, le papier touché, tandis que les parties voisines sont parfaitement intactes : circonstance qui, aux yeux même de la science, rend le fait humainement inexplicable. Le talon des mains a

porté sur le cadre, qu'il a carbonisé avec la même préci-
sion : tout cela est horrible à voir.

« Dans une retraite, continua le père F..., on montra
publiquement ce tableau. Vous jugez de l'impression qu'il
produisit sur un cœur comme celui d'Alphonse. Quoique
déjà tout à Dieu, le saint jeune homme ne cessait de
répéter : C'est à ma retraite aux Missionnaires *delle
Vergini,* que je dois ma conversion. »

Les Liguori avaient leur maison de campagne à quelque distance de Naples, à MARIANELLA. C'est encore un
endroit intéressant pour le voyageur chrétien. Ecoutons
de nouveau l'illustre cardinal Dechamps. « Nous avons
visité à Marianella, écrivait-il, la maison où est né saint
Alphonse. En arrivant dans ce village, nous deman-
dâmes où était la maison du Saint, et nous eûmes sur-
le-champ une trentaine de *cicerone* qui criaient tous à
qui mieux mieux : *Sta qui! sta qui!* Elle est ici, elle est
ici ! — On y montre encore la chambre où le Saint est
né, la chapelle domestique de son père et de sa mère. »
On y vénère aussi le scapulaire du saint Docteur, ce
scapulaire que l'on retrouva intact à l'ouverture de son
tombeau... Cette maison si précieuse à tant de titres
appartient aujourd'hui à la congrégation fondée par
saint Alphonse.

SAINTE-AGATHE DES GOTHS, la ville épiscopale de
notre Saint, fut aussi visitée par le cardinal. « Nous
venons, écrivait-il encore, de Sainte-Agathe des Goths.
Nous avons baisé le pavement de la chambre occu-
pée par notre Père lorsqu'il y était évêque, la stalle
de la cathédrale où il a si souvent prié, et nous avons

vénéré surtout le lieu obscur et souterrain où le grand et saint évêque se réfugiait pour se livrer à ses effrayantes pénitences et s'offrir en victime pour son peuple. Nous n'avons cependant pu pénétrer à l'intérieur : on le tient fermé, de peur de profanation. Il s'y trouve deux choses : les images de la Passion et les traces du sang du parfait imitateur de son divin Maître. »

Dans cette revue des villes auxquelles se rattachent d'intéressants souvenirs, n'oublions pas la petite ville de SCALA, berceau de la congrégation du très saint Rédempteur. La célèbre grotte immortalisée par les prières et les pénitences de saint Alphonse, subsiste toujours ; une petite lampe y brûle continuellement devant un portrait du saint Docteur.

Mais NOCERA, la ville où saint Alphonse passa de si longues années, où s'écoula sa laborieuse vieillesse, où le saint Docteur rendit son âme à Dieu, Nocera, disons-nous, sera toujours le lieu privilégié qui attirera le visiteur. Déjà nous avons parlé de la chapelle qui renferme les reliques du Saint ; demandons maintenant à un écrivain catholique justement renommé, à Mgr Gaume, de nous introduire dans la chambre qu'occupait saint Alphonse.

« Nocera, dit-il dans l'ouvrage cité plus haut, est le lieu éternellement cher au chrétien, où vécut, écrivit, souffrit et mourut le saint François de Sales de l'Italie, le grand soutien de la foi et des mœurs contre les erreurs du dernier siècle : j'ai nommé saint Alphonse-Marie de Liguori. Tout y parle de saint Alphonse ; et tout ce qui touche à ce grand homme inspire un vif intérêt.

„ Une de nos joies était de visiter sa chambre et
d'offrir les augustes mystères sur son glorieux tombeau.
Dans les humbles religieux du *très saint Rédempteur*
nous trouvâmes des frères remplis d'attention et de
cordialité, qui nous accordèrent, de la meilleure grâce
du monde, la faveur de célébrer la messe sur le tombeau
de leur père. L'illustre évêque repose dans l'église qu'il
a fait bâtir; son corps est placé sous l'autel de la chapelle
qui forme la partie gauche du transept. Quand nous y
entrâmes, cette chapelle était entourée d'une foule de
pèlerins qui répandaient leurs larmes et leurs prières
devant le *bon saint,* dont leurs pères avaient si longtemps admiré la douceur inaltérable, la pauvreté évan-
gélique, et la charité toute paternelle.

„ De l'église, nous passâmes au réfectoire. La première chose que nous fit remarquer le Père supérieur,
c'est la place de saint Alphonse. Il nous semblait voir
encore le vénérable vieillard, assis sur un petit banc de
bois adossé à la muraille, et déposant dans une assiette
placée devant lui, les prémices de son repas, qu'il offrait
à Notre-Seigneur dans la personne d'un pauvre. Une
soupe au broccoli, accompagnée d'un morceau de bœuf
et de viande salée, tel fut, avec deux oranges pour des-
sert, le menu du frugal déjeuner qui nous attendait. Le
linge et la vaisselle n'étaient pas moins en harmonie
avec l'esprit de mortification et de pauvreté qui distingue
les dignes religieux.

„ Au déjeuner succéda la visite de la maison. Nous
examinâmes avec respect ce cloître, ces corridors, ces
cours intérieures que le Saint avait si souvent parcourus,

et nous arrivâmes au *piano mobile :* là se trouve l'appar-
tement du glorieux fondateur. Une petite porte en bois
nu, ouvrant sur le corridor, donne passage à une cellule
d'environ dix pieds de longueur sur huit de largeur. On
ne peut se défendre d'un saisissement religieux, en
voyant ces murailles froides et nues, ce parquet en
briques grossières, ce plafond aux traverses saillantes,
recouvert d'une couche de plâtre à peine suffisante pour
fermer le passage à la poussière; cette petite fenêtre
mal close, devant laquelle le grand Docteur composa la
plupart de ses pieux et savants ouvrages; cet autel
élevé depuis l'époque de la canonisation, et qui rappelle
par sa pauvreté le détachement dont le saint fit toujours
profession.

» Une cloison, garnie d'une porte vitrée, sépare le
cabinet de travail de la chambre à coucher. Entré dans
cette seconde pièce, j'en fis l'inventaire. Un petit lit
composé d'une simple couverture et d'un matelas mince
comme une planche, reposant sur un fond en bois supporté par quatre pieds en fer de trente centimètres de
hauteur; trois vieilles chaises en paille; deux fauteuils
séculaires garnis en peau, dont l'un à roulettes qui
servait à promener le saint vieillard dans les corridors
de la maison; une petite table, une lampe en cuivre,
un cierge qui brûlait près de son lit de mort; tel est
l'ameublement du moderne Docteur de l'Église, du fils
des grands de la terre, de l'illustre évêque de Sainte-
Agathe. Chose bien significative! la religion catholique
seule inspire un pareil mépris des choses créées et du
bien-être matériel.

» Dans cette chambre vénérable, disposée comme le
jour même où le saint expira, les Pères qui nous
accompagnaient nous parlèrent des derniers moments
d'Alphonse : « Notre bienheureux Père, disaient-ils, avait
toujours désiré de mourir au milieu de ses enfants. Sa
confiance en Marie était si grande, qu'il ne doutait pas
qu'elle ne lui obtînt cette consolation. « Mon Dieu ! »
écrivait-il au milieu même de sa carrière, « je vous
» remercie d'avance de la grâce que vous me ferez de
» mourir entouré de mes très chers enfants, qui n'auront
» alors d'autre sollicitude que mon salut éternel, et
» qui tous m'aideront à bien mourir. » Son espérance
ne fut pas vaine : à la première nouvelle de sa maladie,
nos Pères et nos Frères arrivaient sans discontinuer
de toutes nos maisons ; et, comme un autre Jacob,
Alphonse entra dans sa dernière agonie, environné de sa
nombreuse famille qu'il bénit avec effusion : et cette
chambre où nous sommes, et les corridors que nous
avons parcourus, furent inondés de larmes.

» Le Père recteur et le père Buonapane se tenaient
au chevet de son lit ; au pied était agenouillé le père
Fiore. L'un d'eux lui présenta une image de la sainte
Vierge en lui disant de l'invoquer pour la bonne mort.
Au nom de Marie, le saint ouvrit les yeux, prit l'image,
la contempla longtemps et entra dans une douce extase
qui le conduisit dans l'éternité bienheureuse. On ne
remarqua ni révolution dans son corps, ni contraction
dans ses membres, ni serrement de poitrine, ni soupir
douloureux : et pourtant il était mort. Ce fut le 1er août
1787, vers les onze heures du matin, à l'âge de 90 ans,

10 mois et 5 jours, que notre Père, environné de ses enfants, s'endormit dans les bras du Seigneur et de la très sainte Vierge, au moment où l'on sonnait l'*Angelus*.

» En nous donnant, comme un gage de notre visite, le véritable portrait du saint, les Pères ajoutèrent sur sa personne quelques détails, imprimés depuis dans les *Mémoires* du père Tannoia.[1]

» Mais le temps était venu de dire adieu à cette sainte maison. Après nous être prosternés de nouveau devant l'autel du glorieux Docteur, nous reçûmes l'embrassement des bons Pères, et nous partimes pour la Cava. »

(1) 3 vol. in-8º. Paris, 1842. Gaume.

Chapitre Quinzième.

Le culte de saint Alphonse en Angleterre et en Irlande.

AINT Alphonse a témoigné plus d'une fois, dans ses beaux livres, du vif désir qu'il nourrissait de voir l'Angleterre revenir à la foi de ses aïeux, fournir des apôtres à l'Église, et renouveler les merveilles de son passé.

Les désirs du saint Docteur sont en voie de s'accomplir : d'innombrables conversions se sont opérées dans la Grande-Bretagne depuis cent ans, et la béatification des martyrs anglais du XVIᵉ siècle accélérera sans aucun doute ce mouvement si consolant de retour à l'Église romaine. Nous pouvons le dire, les enfants de saint Alphonse ne sont pas étrangers à cet élan merveilleux, et les prédications et les prières de la double famille du saint Docteur ont sûrement provoqué bien des conversions dans cette grande île.

De son côté, l'Angleterre a donné plus d'une marque de sa dévotion à saint Alphonse. Les œuvres ascétiques du Saint, traduites en anglais, ont obtenu un succès remarquable. D'autre part, d'illustres convertis ont payé à saint Alphonse le tribut de leur vénération ; nous citerons entre autres le P. William Faber, en maints passages de ses livres immortels ; le T. R. P. Robert Coffin, rédemptoriste, mort évêque de Soutwark, qui fit traduire la vie et les écrits du Saint; enfin Son Emin. le cardinal Manning, dans son bel opuscule : *La confiance en Dieu et saint Alphonse de Liguori.* Ajoutons qu'un fervent catholique publia, en 1872, un petit office et une neuvaine en l'honneur du Saint. On en trouvera un extrait à la fin de ce livre.

Plusieurs *vies* de saint Alphonse ont aussi été publiées en Angleterre : nous en avons donné la liste.[1] L'auteur de l'une d'elles, S. G. Mgr Mullock, traduisit aussi l'*Histoire et la réfutation des hérésies*, regardant cet ouvrage « comme très utile aux séminaristes, et pouvant même très bien servir à l'instruction des fidèles. » Ainsi parle le savant prélat dans sa préface.

Citons encore, comme témoignages du culte de saint Alphonse en Angleterre, les nombreuses églises élevées en l'honneur de ce grand Saint. Nous disons *nombreuses*, car il est vraiment étonnant que, dans un pays où l'on choisit de préférence pour patron des églises, les saints antiques, saint Alphonse ait déjà la part aussi belle. Voici donc la liste de ces églises.

A *Blackmore Park, (Wocestershire)*, église dédiée à la très sainte Vierge et à saint Alphonse.

A *Liverpool*, église dédiée au saint Docteur.

A *Middlesbrough*, idem.

A *Lutlerworth, (Leicestershire)*, église dédiée à la très sainte Vierge et à saint Alphonse.

A *Manchester*, une école est placée sous le vocable du Saint.

(1) Chapitre xi.

À *Clapham,* à *Bishop-Eton,* des chapelles lui sont dédiées.

Enfin , le saint Docteur est patron de plusieurs paroisses rurales des diocèses de Westminster, de Luds, et de Shrewsbury. La belle ville de *Glascow,* en Écosse, possède aussi une église de saint Alphonse.

Passons maintenant en Irlande, cette *Ile des Saints* toujours si éprouvée, mais toujours si ferme dans sa foi.

C'est à *Dublin* que furent traduits en anglais, il y a un certain nombre d'années, deux petits livres auxquels saint Alphonse attachait le plus grand prix : le *Grand moyen de la prière,* et les *Instructions sur le Décalogue.* L'éditeur Duffy en fit une édition populaire à 25 centimes qui s'épuisa rapidement et fut vite renouvelée. Une édition semblable de l'*Imitation de Jésus-Christ* et du *Combat spirituel,* parut en même temps. Pie IX, de sainte mémoire, fut si satisfait de cette entreprise qu'il envoya une médaille d'or à l'éditeur en témoignage de satisfaction.

Le succès qu'obtinrent les ouvrages de saint Alphonse en Irlande, date d'ailleurs de loin. On connaît le beau passage dans lequel le P. Ventura relève la piété d'O'Connell :

« Eh bien, non, dit le grand orateur, la mort ne le surprit pas. J'ai vu moi-même, j'ai eu moi-même entre les mains le précieux exemplaire de l'ouvrage de saint Alphonse de Liguori, intitulé : *Préparation à la mort,* dont il se servait constamment et qu'il avait annoté de sa propre main. Preuve évidente qu'au milieu des grandes agitations de sa vie, il ne cessa jamais de se préparer à la mort, et qu'il réglait toutes ses actions dans le temps, à la lumière fidèle de l'éternité.[1]

(1) *Nouvelles gloires du catholicisme*, par le R. P. Ventura. — Le R. P. Harbison, recteur du couvent des Pères Rédemptoristes de Dundalk, a bien voulu nous communiquer d'autres détails concernant l'illustre libérateur de l'Irlande. « Le fameux O'Connell, nous écrit-il, spécialement dans ses dernières années, ne parcourait jamais le pays pour haranguer le peuple, sans avoir constamment avec lui, pour les distribuer à ses fidèles compagnons, quelques-uns des ouvrages du Saint, tels que les *Visites*, la *Pratique de l'amour envers Jésus-Christ*, la *Voie du salut*, le *Grand moyen de la prière*, etc. Ces écrits, comme tous ceux de saint Alphonse, du reste, se recommandaient aux Irlandais par leur admirable simplicité, leur douceur charmante, et leurs fréquents appels au cœur. Il suffisait de les lire une fois pour être captivé. »

« Les opuscules ascétiques du Saint, continue le R. P. Harbison, se répandirent en Irlande avec une merveilleuse rapidité. On les voyait entre les mains de tous, et des personnes de toutes les classes. Cette propagation prodigieuse était due au zèle d'un seul homme, qui avait pour saint Alphonse une dévotion toute particulière. C'était le Rév. Nicolas Callan, professeur de philosophie au collège ecclésiastique national de Saint-Patrice à Maynooth. Il traduisit les divers opuscules ascétiques du Saint, puis la *Préparation à la mort*, la *Vraie Epouse de Jésus-Christ* et le *Selva*, et il les confia à un éditeur de Dublin très entreprenant, M. Jacques Duffy. Celui-ci, animé du même esprit que son ami, les répandit en tous sens non seulement en Irlande, mais dans toutes les parties du monde où l'on parle anglais, et à un prix qui les rendait accessibles même au plus pauvre.

Quant à la *Théologie morale* de saint Alphonse, c'est aux efforts du docteur Callan et de son ami le docteur O'Reilly qu'est due son introduction dans tous les séminaires de l'Irlande.

Quelques-uns des détails donnés dans le cours de ce chapitre sont dus au R. P. Magnier, CSSR.

Bien avant l'arrivée des Rédemptoristines à Dublin (1859), un professeur de Maynooth avait traduit plusieurs livres de saint Alphonse : ils se répandirent avec une rapidité surprenante. Un confesseur renommé, très dévot au saint Docteur, mit entre les mains de tous ses pénitents les *Visites au Saint-Sacrement*, les *Vérités éternelles*, etc. L'on vit ainsi les membres les plus éminents de la magistrature et du barreau lire, matin et soir un chapitre de la *Préparation à la mort*, de la *Voie du salut*, et autres livres, et les mettre entre les mains de leurs fils au début de leur carrière dans la vie publique. On verra plus loin, dans la seconde partie de ce livre, un exemple, frappant entre tous, de l'influence qu'exerça cette lecture sur des âmes aussi droites et aussi fidèles.

L'Irlande a érigé plusieurs églises en l'honneur de saint Alphonse. Citons d'abord celle des pères Rédemptoristes de *Limerick ;* vient ensuite l'église dédiée à saint Alphonse et à saint Columba, dans le diocèse de Dublin. « Sur une hauteur dominant la baie pittoresque de Killiney, à *Ballybrack,* comté de Dublin, — nous écrit-on, — s'élève une jolie église en granit, bâtie en forme de croix, et dédiée à saint Alphonse et à saint Columba. On en découvre la tour d'une distance de plusieurs milles. Au-dessus de l'autel de marbre, richement ciselé, on voit saint Alphonse représenté dans un beau vitrail, occupant une place à part. »

Mais le plus beau monument que l'Irlande ait élevé à la gloire de saint Alphonse, est sans contredit l'église des religieuses Rédemptoristines de *Dublin*. Installées le

25 mars 1859, dans la capitale de l'Irlande, ces pieuses filles virent bientôt leur chapelle devenir trop étroite pour contenir le nombre des fidèles, leur monastère devenir trop petit pour abriter les jeunes personnes qui voulaient s'y consacrer à Dieu. Force fut donc de bâtir un nouveau couvent et une nouvelle église. Le premier fut bénit le 2 juillet 1875 par S. E. le cardinal Cullen ; la dédicace solennelle de la seconde fut faite le 27 septembre de la même année par le même Prélat. L'église est dédiée à saint Alphonse, et la large rue qui conduit au monastère, a reçu le nom de *Rue de saint Alphonse*. Cette petite église, nous écrit-on, est vraiment digne du saint Docteur par la piété qu'elle inspire : la dévotion au très saint Sacrement, l'amour de saint Alphonse pour la très sainte Vierge et pour saint Joseph, semblent y avoir établi leur séjour. Le maître-autel est en marbre blanc, richement sculpté ; sous la table d'autel, la dernière cène est admirablement ciselée en bas-relief et ornée de marbres précieux. L'ensemble est l'hommage d'une pieuse personne toute dévouée au saint Docteur.

« Autour du sanctuaire, de grands tableaux représentent saint Alphonse prêchant aux bergers et montagnards de Scala ; saint Alphonse évêque priant devant le très saint Sacrement ; au-dessus du maître-autel, saint Alphonse glorieux dans le ciel : il prie le divin Rédempteur et indique du doigt la très sainte Vierge qui est dans l'attitude de la supplication. Au bas du tableau, un ange est représenté tenant en main les règles de l'institut du très saint Redempteur.

« En face de la grille des religieuses, un beau tableau

attire les regards : c'est saint Alphonse donnant la règle aux Rédemptoristes et aux Rédemptoristines, sa double famille religieuse. La vie de Jésus-Christ, qui est le miroir de ses enfants, est sculptée en bas-relief sur le pourtour de l'église; au-dessous, les peintures du chemin de la croix. Dans les arcades des fenêtres, les statues en pierre des douze apôtres ; puis, sur les colonnes de marbre, les statues en bois des autres protecteurs de l'ordre, peintes et ornées à Munich. »

Un bel autel dédié à Notre-Dame du Perpétuel-Secours, est aussi l'offrande d'une âme pieuse. Le marbre blanc dont il est formé, les mosaïques, les ex-voto d'or et d'argent qui l'entourent, offrent un coup d'œil enchanteur. Enfin l'autel de saint Joseph, aussi en marbre blanc, complète ce bel ensemble. Mais le plus bel ornement de ce temple consacré à saint Alphonse, c'est sans contredit la piété de ceux qui le fréquentent, de la pieuse congrégation qui s'y rassemble journellement, des bons Irlandais de toute condition qui viennent sans cesse y exposer à Dieu leurs douleurs et leurs espérances.

Chapitre Seizième.

Églises dédiées à saint Alphonse. — Statues et monuments elevés en son honneur.

'ANGLETERRE et l'Irlande n'ont pas été les seules à élever des églises en l'honneur de saint Alphonse; les autres pays ont aussi voulu rendre à cette grande mémoire le même hommage. Contentons-nous d'énumérer les diverses églises que nous connaissons, en commençant par celles que les Pères Rédemptoristes ont dédiées à leur saint fondateur.

Rome nous offre la première. L'église de la maison généralice à l'Esquilin, est dédiée au très saint Rédempteur et à saint Alphonse.

Le lieu de la naissance de saint Alphonse, *Marianella,* possède aussi une chapelle sous son vocable.

En France, *Saint-Nicolas-de-Port, Boulogne-sur-Mer,* ont une belle église *ad sanctum Alphonsum. Pérouse* possède un sanctuaire.

Anvers, au diocèse de Malines, s'est toujours signalé par sa dévotion au saint Docteur; les Pères Rédemptoristes y possèdent une belle église qui porte son nom. Signalons aussi la jolie église des Rédemptoristines de *Bruges,* dédiée à saint Alphonse. La dévotion au saint Docteur est très vive dans ce sanctuaire et fait d'ailleurs le caractère de toutes les religieuses Rédemptoristines.

A l'Équateur (Amérique du Sud), la ville de *Rio-Bamba* nous offre une église de saint Alphonse, desservie par les Rédemptoristes français.

C'est encore saint Alphonse qui est patron et titulaire des églises des couvents de *Léoben* (Styrie); de *Ketzeldorf* (Bohême); de *Littau* (Moravie); de *Baltimore* (Amérique du Nord); de *New-York;* de *Saint-Louis* (Missouri); de *Chicago* (Illinois). *Wittem,* dans le Limbourg hollandais, a aussi une belle église dédiée au saint Docteur; et tous les voyageurs admirent la superbe église que les Pères Rédemptoristes de *Luxembourg (Grand-Duché)* ont élevée à leur Bienheureux Père.

D'autres églises et chapelles sont encore dédiées à saint Alphonse dans l'univers catholique; mais nos renseignements sont incomplets sur ce point. Citons seulement une église à *Gênes;* une autre près de Saint-Trond (Belgique), qui fut, par permission spéciale du Saint-Siège, dédiée au saint évêque alors qu'il était seulement déclaré *Bienheureux;* une chapelle de l'église *Saint-Léon à Nancy,* et une autre à *Laval.* Mais n'oublions pas de mentionner la chapelle que renfermera la *Basilique du Vœu national à Paris,* ce magnifique monument élevé sur les hauteurs de Montmartre. Il était bien juste que le Docteur de la prière et de la pénitence eût sa place marquée dans une basilique toute consacrée à la prière et à la réparation.

Transportons-nous maintenant à *Reims,* dans cette ville des rois, qu'illustra si glorieusement le cardinal Gousset. Cet intrépide champion des doctrines de saint

Alphonse voulut perpétuer le souvenir de sa dévotion au saint Docteur. L'église Saint-Thomas, qu'il fit bâtir, renferme un beau monument représentant le cardinal à genoux, les yeux dirigés vers une statue de saint Alphonse.

La *Savoie* aura aussi sa place d'honneur dans cette rapide énumération. Tout le monde connaît, au moins de réputation, la magnifique église du *monastère d'Hautecombe*, qui renferme les dépouilles mortelles d'un grand nombre de rois de Sardaigne. Or, au côté droit du transept, une chapelle proche de la sacristie est dédiée à saint Alphonse. C'est la reine Marie-Christine, fille de Ferdinand IV de Naples, épouse du roi Charles-Félix de Piémont, qui la fit dédier en l'honneur du Saint, qu'elle avait connu à Naples dans son enfance. Le saint évêque est peint en grisaille au centre de la voûte; et au dessus de l'autel, on voit un groupe en marbre de Carrare représentant la Mère de douleurs.[1] — Marie-Christine de Bourbon mourut le 12 mars 1849 et fut inhumée à Hautecombe à côté de son époux : c'est la dernière famille royale qui ait été descendue dans les caveaux funéraires de l'église.

Il nous reste à dire quelques mots des statues de saint Alphonse les plus remarquables. Déjà nous avons parlé de la belle statue d'argent qui orne le *Trésor de saint Janvier* à Naples. — Un honneur plus grand encore était réservé au saint Docteur. La *Basilique de Saint-*

_____

(1) *Description historique de l'abbaye royale d'Hautecombe,* par le baron Jacquemond, sénateur. (Chambéry, 1843.)

Pierre de Rome renferme, on le sait, les statues des saints fondateurs d'Ordres. Ces statues colossales en marbre blanc (un homme de sept pieds arriverait à peine aux genoux) ornent magnifiquement cette Basilique incomparable et représentent tous les Ordres religieux auprès du tombeau des saints Apôtres. Saint Alphonse a sa place dans cette superbe galerie ; sa statue se trouve à une grande hauteur dans le chœur de la basilique. Les amateurs de rapprochements ont remarqué que, juste au-dessous de cette statue, se trouve la plaque de marbre sur laquelle on a gravé les passages de la Bulle *Ineffabilis* définissant le dogme de de l'Immaculée Conception. Le grand serviteur de la très sainte Vierge voit ainsi son image placée près du monument qui rappelle le privilège de Marie défendu jadis par lui avec tant de zèle.

Enfin, et nous terminons par là ce rapide aperçu, la ville et le diocèse de *Sainte-Agathe des Goths* ont résolu, à l'occasion du centenaire de saint Alphonse, d'élever un monument au saint évêque qui les a tant illustrés. Par les soins de Mgr l'évêque de Sainte-Agathe, des souscriptions se sont ouvertes en Italie, en France, et dans tous les pays catholiques, pour offrir à saint Alphonse ce tribut d'admiration, de reconnaissance et d'amour.

Deuxième Partie

UNE DÉVOTE CLIENTE DE SAINT ALPHONSE

L'opuscule qu'on va lire, dû à la plume d'un père rédemptoriste irlandais,[1] retrace admirablement la vie d'une âme
toute dévouée à saint Alphonse. On y verra avec quelle justesse cette âme d'élite saisit sur-le champ le caractère propre
du saint Docteur, c'est-à-dire sa parfaite *fidélité à Dieu.* Pour
le dire en passant, cette fidélité est aussi le trait caractéris-
tique de l'Irlande, et l'on comprend dès lors l'attrait mystérieux et profond qui porte ses nobles enfants à honorer saint
Alphonse.

(1) Le T. R. P. Macdonald. — Nous nous faisons un devoir d'exprimer ici notre reconnaissance au T. R. Père pour les intéressants détails
qu'il a bien voulu nous fournir touchant le culte de saint Alphonse eu
Angleterre et en Irlande.

Ⅰ est mort en Irlande, le 27 janvier de l'année 1869, une des plus dévotes clientes de saint Alphonse qu'ait vues notre époque. Elle était connue sous le nom de sœur Marie-Alphonse. Ce n'était pas là cependant son nom de baptême, et nous ne pouvons expliquer ce nom sans dire quelques mots sur les premières années de cette pieuse personne.

Elle naquit à Cork, le jour de la fête de saint Joseph 1828, et reçut, au baptême, les noms de Hélène-Marie : son nom de famille était Downing. Son père, qui était médecin, et sa mère joignaient à une grande charité une piété solide. Hélène était une enfant frêle et délicate, mais douée d'une intelligence précoce. Elle était née poète et toute jeune fille encore, elle publia dans *La Nation* et dans d'autres revues du jour, des ballades émouvantes et passionnées, respirant un amour brûlant pour sa patrie. Ce fut là sans contredit la passion de sa jeunesse. *Marie de la Nation* est le nom sous lequel elle était alors connue.

A peine avait-elle atteint sa vingtième année, que sa santé, jusque-là débile et faible, s'affaissa complète-

ment. C'était le moment que Dieu avait choisi et
attendu pour prendre entière possession de cette âme
ardente et généreuse, et elle-même appelait cette
époque de sa vie le temps de *sa conversion*. Dieu lui
accorda alors deux grâces extérieures ; la première
fut un confesseur saint et éclairé ; la seconde, les œuvres
de saint Alphonse. Qu'elle ait bien profité de ces deux
grâces, nous n'en pouvons douter ; en effet, elle ne
se départit jamais de la direction de son confesseur,
pas même dans le moindre détail ; et d'autre part,
durant tout le reste de sa vie, il est certain que les
œuvres de saint Alphonse furent sa lecture continuelle, ou du moins elle ne les quittait point pour un
temps considérable.

Lorsqu'elle se donna à Dieu, ce fut avec toute l'éner-
gie de son âme, et le talent poétique dont il l'avait
douée, elle le consacra à son service. Le premier petit
ouvrage de poésies sacrées qu'elle publia, est dédié à
saint Alphonse, et la dédicace nous laisse voir avec
quelle tendre affection elle le vénérait, en même temps
qu'elle lui offrait l'hommage de sa reconnaissance pour
tous les bienfaits qu'elle en avait reçus.

A saint Alphonse de Liguori.

Mon patron, mon ami et mon guide,
Médecin et Père de mon âme,
Dont la plume m'a instruite,
Dont la vie a plaidé pour moi,
Dont les prières m'ont protégée,
Qui m'a apprise à prier,

A visiter le Saint-Sacrement,
Et à chercher le Fils crucifié
Par la mère Immaculée,
Avec affection, avec reconnaissance et avec respect
Je dédie mon premier petit livre.

MARIE-ALPHONSE.

Ce petit livre contient deux belles hymnes en l'honneur de saint Alphonse. La première a pour titre : *A mon bien-aimé saint Alphonse*; la seconde : *La rencontre de saint Alphonse au ciel.* Dans ces hymnes, elle épanche toute l'affection et la confiance dont son cœur déborde envers saint Alphonse, lequel, après la très sainte Vierge, occupait la première place dans son cœur. Ce qui la charmait dans ce grand saint, c'était son extraordinaire fidélité à Dieu, sa douceur, son humilité, ses souffrances et l'héroïque patience avec laquelle il les supportait, et aussi la beauté exquise de son caractère, tant naturel que surnaturel. Elle disait, en parlant des œuvres de saint Alphonse : « Je crois que c'est l'extrème justesse de raisonnement qui m'attire tant dans les écrits de saint Alphonse et de sainte Thérèse. Quelques autres livres que je lise, ceux-ci resteront toujours mes livres de choix. Il me semble que ces deux saints ne confondent en aucune manière leurs opinions individuelles avec l'esprit de l'Église, ou plutôt il me semble qu'ils n'ont pas de ces opinions à confondre. Ils sont simplement des Saints, et non des poètes, des rêveurs, moins encore des métaphysiciens. »

Sa santé commença à s'améliorer graduellement, et

maintenant qu'elle s'était entièrement donnée à Dieu, l'amour des pauvres, qu'elle avait appris de ses charitables parents dans son enfance, s'accrut de jour en jour, et un grand désir s'alluma dans son âme : celui de se dévouer dans l'ordre de la Présentation, à l'instruction de ces pauvres petits êtres si chers à Jésus-Christ. Elle plaçait, dans son estime, au-dessus de tous les talents naturels, le privilège d'instruire les pauvres, et suppliait Notre-Seigneur de lui donner des forces suffisantes pour remplir cet acte de charité.

Elle entra au couvent de la Présentation à Cork, le jour de la fête de sainte Thérèse 1849, reçut l'habit religieux le 29 mai 1850, et choisit pour patron son *bien-aimé saint Alphonse.* Elle s'appelait enfin *Marie-Alphonse,* nom qu'elle garda tout le reste de sa vie, et c'est ce nom que nous lui donnerons désormais.

Dès son entrée au couvent, elle travailla à se pénétrer pleinement et parfaitement de l'esprit et des devoirs de son état, et fit de rapides progrès dans la vertu. Dans sa pensée, elle n'en pouvait jamais faire assez pour réparer les années qu'elle avait passées dans le monde, et l'amour donné aux créatures. Cependant il faut nous rappeler que sa vie, si nous la regardons d'un point de vue ordinaire, s'était, comme celle de saint Alphonse, passée dans l'innocence ; et de plus, elle s'était donnée à Dieu sans réserve à l'âge de vingt ans, pour entrer en religion bientôt après. « Je n'oublierai pas facilement, écrit-elle dans le cahier de ses résolutions, le respect dû aux sœurs anciennes. Enseignez-moi, miséricordieux Jésus, et rappelez-moi tout ce que je dois à

ces âmes fidèles qui vous honoraient dans le sanctuaire
pendant que je vous offensais dans le monde, qui vous
offraient chaque jour leurs prières en réparation de mes
péchés, et qui travaillaient avec douceur et patience à
vous gagner des cœurs pour le ciel, pendant que j'em-
ployais les dons que vous m'aviez donnés à les attacher
à la terre. » Elle ajoute : « Loin de moi la présomption
de jamais m'égaler à mes sœurs qui apportèrent à votre
service leur jeunesse et leur fraîcheur, et qui abandonnèrent courageusement le monde, avant qu'il ne les eût
abandonnées ! » Ce n'était pas assez pour elle de supporter les humiliations ; son désir était de les embrasser
avec joie ; mais pendant qu'elle s'humiliait aux pieds de
tous, ses sœurs l'aimaient et l'estimaient, considérant
qu'elles possédaient un petit trésor.

Elle désirait d'être humble à l'exemple de Notre-Seigneur, et d'avoir part à ses souffrances. Dans ses actes
de résignation, il est facile de reconnaître la doctrine
de son *Père, son patron, son ami et son guide*, saint
Alphonse. Nous en donnerons trois, tels qu'elle les rédi-
gea elle-même : « Je me résigne à la maladie conti-
« nuelle, et si pénible qu'elle ne me laissera jamais
« goûter de satisfaction en rien, et si peu apparente,
« que je ne m'attirerai aucune sympathie qui m'en
« allège la douleur. » — « Je me résigne à des labeurs
« si fatigants qu'ils ne me procureront aucun plaisir ;
« si peu couronnés de succès qu'ils ne m'attireront pas
« la moindre estime. » — « Le crucifix est la seule réa-
« lité ; mais quelle réalité ! un Dieu crucifié pour l'amour
« de nous ! un Dieu crucifié pour l'amour de nous ! Il

» faut que ce soit bien là une réalité : car qui aurait
» jamais osé rêver chose pareille et portée à ce point?
» Seigneur, enseignez-moi le mystère de la croix. »

Notre-Seigneur, en effet, lui fit bientôt part de sa
croix. Sa santé succomba encore une fois, et malgré
tous les soins et tous les efforts que l'on fit pour la soulager, et même pour la guérir si c'était possible, le mal
s'aggrava de jour en jour, et le médecin finit par déclarer
que la seule chance qui lui restât de se rétablir, était
de quitter le couvent. C'était là sans doute une bien
lourde croix, mais la volonté de Dieu s'était clairement
manifestée, et Marie-Alphonse lui donna preuve de fidélité en s'y soumettant avec résignation ; mais, quoique
soumise, elle sentait bien qu'un trésor venait de lui
échapper. Une faible lueur de consolation lui restait
pourtant ; si elle guérissait, il lui serait permis de
retourner dans la maison du Seigneur. Elle quitta le
couvent, ou plutôt on la transporta chez sa mère en
septembre 1850. Il lui restait encore dix-huit années à
vivre, et ces années devaient être, en grande partie,
remplies des souffrances physiques et morales les plus
cuisantes.

A cette époque, sa santé se rétablit suffisamment pour
qu'elle pût espérer de reprendre son vol vers le lieu de
ses désirs, ou comme elle disait, « Vivre à Dieu dans
son sanctuaire. » Cette pensée remplissait tellement
son esprit, que les moindres incidents reportaient sa
pensée vers le couvent. Écoutons-la parler elle-même :
« Ma mère, nous dit-elle, avait une plante délicate placée
» en dehors de sa chambre à coucher. Une nuit, un

» orage terrible se déchaîna. Ma mère s'éveille, pensant
» à sa plante, mais ne peut ouvrir la fenêtre pour la
» sauver. Quelle ne fut pas sa surprise, le lendemain
» matin, de trouver sa plante intacte, quoique l'orage
» eût continué toute la nuit! Trop confiante désormais,
» elle la laissa dehors, quoiqu'il lui eût été si facile de
» la rentrer. Peu de temps après, la plante tomba et
» se brisa. Quand j'entendis ma mère raconter cette
» anecdote, je compris la leçon que Dieu voulait me
» donner par ce moyen, et je résolus de ne pas craindre
» la tempête du monde aussi longtemps que je serais
» obligée de la braver, mais de me retirer en lieu sûr,
» dès que j'en trouverais l'occasion. »

Les guides de sa conscience jugèrent qu'elle ne devait
plus essayer, et une fois de plus elle se soumit à la
volonté de Dieu. Sa maxime était : « De désirer toujours d'accomplir le bon plaisir de Dieu, mais à lui de
choisir par quelle voie. » Durant le temps qu'elle désirait et espérait encore entrer en religion, elle visita
assez souvent une de ses cousines, religieuse dans
l'ordre de la Présentation. Cette religieuse écrivit plus
tard : « J'ai eu de fréquentes et douces conversations
» avec Sœur Marie-Alphonse : elle me disait que si sa
» santé lui permettait de retourner au couvent, elle
» s'appellerait encore Marie-Alphonse, et que s'il lui
» était permis de recommencer vingt fois, elle n'aurait
» pas d'autre patron que saint Alphonse. »

Mais comme il n'était pas possible à cette âme dévouée
d'entrer en religion, elle prit la ferme résolution de
mener d'aussi près que possible la vie d'une religieuse

dans le monde. A cet effet, elle demanda l'habit de Tertiaire de l'ordre de saint Dominique, résolue d'imiter
sainte Catherine de Sienne et sainte Rose de Lima. On
acquiesça à sa demande, et elle eut la consolation de se
voir reçue comme tertiaire et de pouvoir garder le nom
de Marie-Alphonse. Après une longue épreuve et lorsque sa fidélité eut été bien constatée en toutes choses, il
lui fut permis de faire le vœu d'obéissance à son confesseur ; ceci la dédommageait un peu du vœu qu'elle avait
si ardemment désiré de faire en religion. Elle était parfaitement heureuse dans la sécurité que ce vœu procu-
rait à son âme, et elle se serait crue coupable de la plus
grande ingratitude envers Dieu, si elle se fût arrêtée à
faire des réflexions ou à délibérer sur ce qui lui avait été
commandé. Si une explication était nécessaire, elle la
donnait simplement, puis elle obéissait en toute sincérité
sans ajouter un seul mot ; dans son obéissance, elle ressemblait à une flèche volant droit au but, et ne donnait
pas à la volonté le temps de réclamer.

Les règles auxquelles elle s'était astreinte pour sa
conduite, sont trop longues pour être insérées ici. Mais
celles qui suivent nous donneront une idée de la hauteur de sainteté à laquelle elle visait.

« Dans le manger et le boire, ne pas aller au delà de
ce que ma santé requiert.

« Ne pas rendre de visites inutiles, — ne pas écrire
de lettres sans nécessité ou sans utilité.

« Résigner ma volonté propre, lorsqu'elle contredit
celle d'autrui.

« Croire fermement que je n'ai pas de droits, et que,

» en conséquence, personne ne peut me faire du tort.

» Embrasser la souffrance comme une part de ce qui
» m'est dû.

» Me croire redevable à chacune, des grâces que
» j'aurais pu lui obtenir, si j'avais été plus fidèle à
» Dieu.

» Dans mes rapports avec le prochain, ne voir que
» Jésus-Christ, me le représentant en tous ceux avec
» qui j'aurai à faire.

» Vivifier les coutumes du monde par un esprit
» intérieur d'humilité et de profond respect.

» La volonté de Dieu est la règle de tout bien : ne
» jamais s'en écarter, c'est entrer en liberté, c'est être
» déjà libre.

» Dieu fait connaître sa volonté par la voix des
» supérieurs : s'il y a quelqu'un de libre sur la terre,
» c'est, sans aucun doute, l'âme qui obéit en tout et
» toujours. »

Il y avait des jours dans la vie de Sœur Marie-
Alphonse où elle ne pouvait rien faire qu'offrir à Dieu
ses excessives souffrances : en d'autres jours où elle
souffrait moins, elle ne pouvait pourtant s'occuper à
aucun ouvrage ; c'est dans des moments comme ceux-là
qu'elle demandait à quelque ami obligeant de vouloir
bien la conduire à l'église ; et là, assise sur un petit
siège rapproché aussi près que possible du sanctuaire,
elle passait des heures entières, à l'exemple de son saint
Patron, en de doux colloques avec son Seigneur présent dans le Sacrement de l'autel. Il y avait des jours
aussi, où, aux cruelles souffrances physiques de la

maladie, se joignaient les plus terribles désolations de l'âme. Elle nous dit que, dans ces moments-là, elle allait souvent s'asseoir à la fenêtre de sa chambre qui faisait face à l'église Saint-Pierre et Saint-Paul, et là elle lisait les prières de saint Alphonse, une heure durant, sans ressentir le moindre sentiment ou signe sensible que Dieu l'eût pour agréable ; mais après, elle s'apercevait qu'elle avait plus de force pour souffrir. « Je ne sais pas, disait-elle, comment la grâce me vient ; elle me pénètre d'une manière insensible ! Que la volonté de Dieu soit toujours accomplie, cet état dût-il ne jamais changer ! »

Il est peu de personnes qui aient appris de saint Alphonse et aussi bien qu'elle, le mérite de la prière. Elle disait en anglais tout simplement ce que saint Alphonse avait coutume de dire en italien. Qu'on en juge par ce qui suit : « On ne peut jamais, disait-elle, trop entendre de sermons sur la prière. La prière *fait* ce que le prédicateur *dit*, et elle garde toute promesse qui a été faite en son nom. La prière restera toujours infiniment au-dessus de tout ce qu'on en peut dire. Plaise à Dieu que l'utilité de la contemplation soit de nouveau comprise ! alors on en viendra a ne plus craindre la prière et à ne plus la regarder comme un obstacle à l'action. » Lorsqu'elle allait un peu mieux, elle économisait son temps pour le donner à la prière ou à des œuvres de charité. Dans une lettre écrite à son Directeur, nous lisons : « Entre tous les sujets d'attrait particulier que j'ai envers saint Alphonse, son vœu d'employer continuellement et utilement son temps en est un. J'espérais bien, lorsque je suis entrée au service de Dieu pour la première fois, l'imiter en cela non quant au vœu, mais quant à la vertu que ce vœu sauvegardait. » Dans la même lettre, elle parle dans les termes suivants d'une neuvaine qu'elle fit à son saint Patron : « Je me souviens avoir fait une neuvaine à saint Alphonse avec une ferveur toute particulière, et j'appliquais une relique du Saint à chaque membre et sens de mon corps, en vue d'obtenir qu'ils m'aidassent à servir Dieu et l'Église. Chaque jour de la neuvaine, je devenais de plus en plus mal, et le dernier jour, je fus complètement abattue ; mes forces m'abandonnèrent entièrement, et je demeurai ainsi jusqu'après que vous m'eûtes administré le Sacrement d'Extrême-Onction pour la première fois. » La réponse de saint Alphonse à cette neuvaine fut de lui obtenir la force de souffrir comme il avait souffert lui-même, en même temps qu'un grand accroissement d'esprit de prière, particulièrement sous la forme d'intercession. Ses prières, c'étaient ses aumônes ; elle regardait ses prières et ses souffrances comme appartenant de droit à son prochain. « La prière séparée du sacrifice, disait-elle, me semble mutilée et imparfaite comme si la main droite était coupée. » Elle ajoute encore : « Comme la souffrance change d'aspect, lorsque l'esprit d'intercession l'anime ! » Personne ne demandait jamais en vain ses prières ; elle était catholique dans sa prière d'intercession. Il est étonnant de remarquer comment elle, qui avait toujours vécu au milieu des catholiques, pensait et priait tant pour les hérétiques ; mais après tout, ce n'est là qu'un

nouveau trait de ressemblance avec saint Alphonse.
« Il en est peu, disait-elle, même parmi les pieux
catholiques, qui aient un vif et continuel sentiment de
commisération envers ces pauvres orphelins qui ne re-
connaissent pas, en la sainte Eglise de Dieu, une mère.
C'est envers eux que mon cœur s'émeut de pitié et d'un
amour que je ne puis décrire. » Elle avait ses intentions
pour tous les jours de la semaine. Le jeudi était pour
ses pauvres protestants. « Jeudi, mon jour d'amour, je
le consacre à prier pour les pauvres protestants. Oh!
que de capacités pour la plus haute sainteté sont ense-
velies dans le froid tombeau du Protestantisme! » Elle
priait aussi d'une manière toute spéciale pour les âmes
appelées à la perfection; disant que « plus le dégré de
vertu auquel elles sont déjà parvenues est élevé, plus
elles aspirent après les hauteurs, plus la somme de grâce
qu'elles possèdent est grande, plus aussi elles sont pré-
parées à posséder davantage. Prier pour un saint, c'est
prier pour un millier de pécheurs. » Elle portait une
sainte envie aux âmes qui aimèrent Dieu dès leur enfance, et elle ne cessait de le remercier pour ces âmes
privilégiées qui, prévenues de ses lumières, lui offrent
leur cœur dans toute sa beauté et sa fraîcheur, avant
qu'il n'ait eu le temps de se flétrir.

Dire que toutes ces prières qu'elle offrait pour tous
les membres de l'Église, aussi bien que pour ceux qui
en sont séparés, étaient offertes par les mains imma-
culées de Marie, c'est ce à quoi nous nous attendrions.
C'est pourquoi l'auteur de sa vie ne dit sur ce point que
quelques mots. « Pour exprimer, dit-il, sa dévotion

envers la très sainte Mère de Dieu, il suffit de dire qu'elle était en tout digne d'une si dévote cliente de saint Alphonse. Lorsque l'honneur de la sainte Vierge était menacé, elle était tout de feu. »

Elle avait aussi une dévotion extraordinaire envers les saints Anges, et c'était sa coutume de saluer l'ange gardien de ceux avec qui elle conversait.

Nous avons dit qu'elle était née poète ; mais pendant plusieurs années, elle perdit le pouvoir d'exercer ce talent : c'était la conséquence de son état maladif presque continuel. Pour elle, elle considérait cette impuissance comme un juste châtiment à cause de l'usage qu'elle avait fait de ce talent poétique. Mais lorsque la vigueur de son esprit commença à lui revenir, elle pria Dieu de le lui rendre, dans les vers suivants :

Rendez-moi le don que jadis je possédais,
Et je ne m'en servirai plus pour les choses d'ici-bas :
Faites que je devienne de nouveau poète,
Afin de pouvoir vous chanter des chants si doux.

. . . .

Je savais bien que ce talent était à vous
Et qu'il m'était seulement confié ;
Cependant j'en ai tant dépensé sur maint objet terrestre
Qu'il n'en reste que très peu pour vous.

. . . .

Seigneur, je vous remercie de toutes les peines
Qui ont déchiré mon cœur tremblant,
Je bénis la main qui a brisé les chaînes
Qui jadis me liaient au monde pécheur.

Si j'avais des chants à foison,
Je les donnerais pour vous attirer les âmes des hommes;
Mais si mon silence pouvait vous plaire davantage,
Jamais je ne désirerais plus chanter.

Dieu lui rendit le talent, qu'elle employa désormais à son service, à honorer les saints, et surtout la Reine des Saints. Les poèmes qu'elle composa à partir de cette époque, elle put en toute vérité les appeler « Voix du Cœur, » et nous pouvons avec raison les appeler, Voix sorties d'un cœur pur et aimant. L'Eminentissime cardinal Cullen exprima son désir de voir ce petit livre se répandre dans toutes les familles.

L'offrande.

O Seigneur, ma vie, mon amour,
Bénissez la flamme qui se réveille en moi
     Et que je vous consacre enfin.

Donnez à mes paroles la force pour semer
La semence de votre amour, partout où elles tombent,
     Partout où elles vont pour vous prêcher.

Bénissez mes chants (ils sont de vous),
Bénissez chaque pensée, chaque ligne,
     Où l'amour, où la lumière peuvent se trouver

Mais si je plaide en vain auprès de ces cœurs
Que vous avez formés pour vous aimer seul,
     N'en soyez pas courroucé contre moi.

Car ce pauvre cœur, qui ne sait que chanter,
Il donnerait son sang et de bonne volonté,
     S'il pouvait vous ramener une seule âme errante.

Sœur Marie-Alphonse imita son saint Patron dans son **obéissance**, comme nous l'avons déjà vu, et particulièrement dans son obéissance à son confesseur. Quelle ressemblance avec saint Alphonse dans cette réponse qu'elle fit à une personne qui lui disait : « L'obéissance au confesseur doit être pratiquée avec circonspection. — Qui est-ce, lui répondit-elle, qui tracera les limites de l'obéissance? Si c'est le confesseur, les limites même qu'il posera seront encore l'obéissance; si c'est la pénitente, elle est alors entre ses propres mains, et son obéissance n'est que moquerie! Assurément la règle ordinaire qui dit : Obéissez en tout ce qui n'est pas péché, peut être suivie en toute sûreté. Le confesseur duquel on ne peut dire qu'il saura où et quand il doit intervenir, mérite à peine que l'on se confie à sa direction. Je comprends que la prudence dans le choix d'un directeur soit de la plus grande importance; mais le choix fait, il me semble que la meilleure prudence est une obéissance absolue. »

Ce qui étonnera davantage encore, c'est de voir en Marie-Alphonse une aussi parfaite amante de la pauvreté que le serait la meilleure religieuse; osons le dire, elle porta cet amour aussi loin que saint Alphonse lui-même. Quand cela dépendait d'elle, elle ne voulait se servir que des choses les plus pauvres. Sa nourriture ordinaire consistait en un pain grossier avec du lait ou de l'eau, et dans la saison rigoureuse, elle s'accordait comme une douceur le lait chaud ou un peu de thé, et cela une fois le jour seulement. Dans ses maladies ordinaires, elle consentait à prendre du pain de meilleure

qualité, sans apporter d'autre changement à sa manière
de vivre. Dans ses graves maladies, alors qu'elle était
sous la dépendance du médecin, elle lui obéissait aveu-
glément. Dans le même esprit de pauvreté, elle se servait
elle-même autant que possible, et ne consentait à recevoir du secours, que lorsqu'il lui était impossible de
s'aider par ses seules forces.

Sœur Marie-Alphonse perdit sa bonne mère en
l'année 1860, et l'année suivante elle alla demeurer en
logement. Les sept années qui suivirent, elle les passa
dans l'exercice de toutes les vertus et surtout d'une
patience héroïque au milieu des plus cruelles souffrances.
Elle remplit alors la mesure de sa grâce. Écrire tout ce
qu'elle souffrait demanderait un long chapitre : elle ne
refusait rien à Dieu, et alors même qu'elle était le plus
héroïque, son seul regret était d'avoir si peu donné. Il
est merveilleux de voir comment, lorsque Dieu lui rendait un peu de force, elle se trainait à l'église pour
entendre la sainte messe. Dans une de ses lettres, elle
écrivit (1868) : « Je puis à peine écrire autre chose que
le mot *souffrance*. Ce matin il m'a fallu faire un rude
effort pour me lever et aller à la messe : lumière, bruits,
tout me torturait. J'aurais voulu demeurer ensevelie
dans le silence et l'obscurité ; mais une fois à la messe,
je me sentis mieux, et je fis tous mes actes, comme à
l'ordinaire. Je me rappelais toutes les épreuves, les
peines, séparations, déchirements de cœur, que Dieu
m'avait envoyés, et tout cela pour me sanctifier, et
élever mes désirs vers lui. Oh ! comme je lui demandai
de vouloir bien me calmer, me régler et mettre la cha-

rité en ordre dans mon âme !... Aucune souffrance exté-
rieure ne peut être comparée à la croix qui est dans
mon âme : Dieu soit béni! Je ne désire aucune consolation jusqu'à ce qu'il daigne me consoler lui-même. »
Puis, regardant Dieu comme un chirurgien, elle continue : « J'essaie de me mettre entre les mains de Dieu,
comme j'étais entre les mains de mon chirurgien, sans
frémir, sans craindre, sans m'inquiéter de rien : lorsqu'il m'aura donné toute la souffrance qui m'est pro-
fitable, il me tranquillisera de nouveau, et puis je l'en
aimerai mieux et pour la douleur et pour la joie. »

Le médecin qui la soignait et qui lui témoigna toujours une bonté paternelle, la fit conduire à l'hôpital des
Sœurs de la Miséricorde *(Sisters of Mercy)* en 1868.
Elle désirait être traitée comme la plus pauvre entre
les pauvres; mais ce bon médecin s'y opposa, et nous
voyons par là comment Dieu veillait sur cette enfant
qui lui était si fidèle. On lui donna une grande chambre
près de la chapelle, et en conséquence tout près du très
saint Sacrement. Le chapelain de l'hôpital, se souciant
peu de la peine et de la coutume établie, lui apportait
la sainte Communion tous les jours. Il va sans dire que
les religieuses la traitaient comme une sœur chérie.

Les souffrances de saint Alphonse avaient pour elle
un attrait tout particulier et elle désirait, demandait
même de lui ressembler. Ce fut sous l'impulsion de ce
désir qu'elle écrivit les lignes suivantes :

Il me semble, quand je pense à ma vie,
Qu'il faut qu'elle change ou que je te perde, ô mon Père.

Moi qui rougirais à la pensée de fuir la souffrance,
Je te choisis pour patron et je porte ton nom.
J'accepterai la souffrance et alors
Je t'appellerai du doux nom de « Père. »
Je demande seulement qu'en traversant la vie,
Je puisse toujours recueillir des couronnes
            Semblables aux tiennes.

Sa prière fut exaucée ; mais quelle dut être l'abondance de ces secours que lui obtint saint Alphonse, lorsqu'elle pouvait écrire :

A ton seul nom, le courage s'allume
Dans mon âme, dans tout mon être.
Le voir écrit, le lire,
Est pour moi un triomphe.

Le murmure-t-on à mon oreille,
Aussitôt ma pensée s'éveille et mon courage s'anime,
Je puis respirer l'air le plus pur,
Fouler aux pieds la douleur et la crainte.

Si je te voyais, si je t'entendais en personne,
A peine pourrais-je te sentir plus près de moi :
Et si je marchais sous ton regard,
Ma sécurité serait à peine plus grande.

Mais si saint Alphonse se montra son protecteur pendant la vie, il le fut davantage encore aux approches de la mort. Dans une de ses dernières lettres à son directeur, écrite encore par obéissance, Marie-Alphonse lui rend compte avec la simplicité d'un enfant de quelques faveurs qu'elle reçut de Dieu et de saint Alphonse. « Peu de

temps après le mois de septembre, dit-elle, lorsque ma
maladie s'aggrava d'une manière terrible, saint Alphonse
semblait prendre sa place près de mon lit, et me couvrir
de son ombre, m'enveloppant pour ainsi dire si complètement de sa présence, que pas une fibre de tout mon
être n'était insensible à sa protection. Je ne croyais pas
que saint Alphonse fût actuellement près de moi, mais
plutôt que Dieu voulait m'assurer, par cette image
intérieure, de l'entière et constante protection de mon
cher Saint, ce qui augmenta beaucoup ma confiance en
son puissant patronage ; et après cela je m'adressais à
lui dans mes plus grandes souffrances... Durant ces
quelques jours, bien courts, de consolations, j'étais
insensible à la douleur, ou plutôt je m'en souciais peu,
quoique je les ressentisse ensuite dans toute leur force. »

Rendant compte de la manière dont elle reçut le
sacrement de l'Extrême-Onction et le saint Viatique,
elle écrit : « Une nuit, je m'éveillai sous l'impression
d'une secousse étrange dont je ne pouvais me rendre
compte et qui ressemblait à un choc électrique : je
sentis mes forces se briser. Puis le monde disparut
comme une ombre ; toute ma vie me parut à peine un
moment, et je crus voir Dieu non point élevé, ni éloigné,
mais tout près, autour de moi, d'une présence réelle,
si claire, si vraie, si stable, que je ne pouvais voir autre
chose. Je ne voyais ni le purgatoire, ni enfer, ni jugement. Toute l'éternité me semblait être Dieu, et Dieu
seul plein d'amour pour moi. »

Après avoir reçu les derniers sacrements, elle parut
revivre un peu, puis retomba dans un état pire qu'aupa-

ravant. Pendant la nuit et les deux jours qui suivirent, Dieu l'éleva à un degré de prière qu'elle n'avait pas connu jusqu'alors. « C'était avec difficulté, écrit-elle, que je voyais ou entendais ce qui se passait autour de moi. J'étais insensible à la douleur ; mais, si on me le demandait, je savais bien qu'elle n'avait pas cessé dans mon corps. Le ciel semblait m'être ouvert, et je voyais clairement les choses éternelles, tandis que tout ici-bas m'apparaissait comme une ombre que je ne pouvais ni saisir ni réaliser. Aucune de ces choses ne m'était représentée sous des figures sensibles, et je ne pourrais en donner une description exacte. Il me semblait voir une chambre presque pleine de récompenses qui m'étaient réservées, comme récompense accidentelle pour les bonnes œuvres que j'avais entreprises mais sans succès, depuis que je m'étais donnée à Dieu. Elles étaient tout à fait inconcevables. Je vis l'amour de Dieu pour mon âme, et alors je me souciai peu des récompenses excepté comme dons de Dieu. Et parce qu'il avait retenu captif son amour pour mon âme, pendant que j'étais sur la terre, il en faisait couler un triple torrent sur moi dans le ciel. Je vis la gloire distincte de Marie, retirant une nouvelle gloire de mon âme, et je compris qu'elle était l'instrument de tous les biens que j'avais reçus. Même intérieurement, il n'y avait pas d'images ; je ne puis rien décrire ; mais je voyais une ineffable, tranquille et surabondante félicité, qui faisait paraître viles, méprisables. et comme un néant, toutes les choses de ce monde. »

L'année 1868 se termina, et celle de 1869 commença pour sœur Marie-Alphonse dans de grandes souffrances.

Dieu lui donna la grâce de tout souffrir avec une patience héroïque, et le médecin n'hésita pas à dire : « Dans ma longue carrière professionnelle, je n'ai jamais rencontré aucune personne dont la patience héroïque au sein des plus vives souffrances ait fait sur moi une plus profonde impression que le fait cette sainte jeune fille. » Sur son lit de douleurs, elle pratiquait presque toutes les vertus, sa prière était continuelle, et le plus souvent elle n'avait en vue que le bien du prochain.

Le Recteur du Collège Irlandais à Rome, depuis Monseigneur l'Archevêque Kirby, avait lu ses écrits. Vivement touché de ses souffrances, il lui obtint de Pie IX la bénédiction apostolique. Ce ne fut pas tout, il lui procura aussi un triduum de prières à l'autel de Notre-Dame du Perpétuel-Secours dans l'église de saint Alphonse à Rome. La joie et la reconnaissance de sœur Marie-Alphonse pour ces faveurs seront faciles à comprendre par ceux qui connaissent son amour si profond pour notre saint Père le Pape, pour l'Église, la très sainte Vierge et son bien aimé saint Alphonse. « Ceci, disait-elle, valait la peine de vivre des années de souffrances. » Le triduum était fixé aux 23, 24 et 25 janvier. Ces trois jours, elle les passa dans des souffrances presque intolérables, qui durent remplir la mesure de souffrances que Dieu lui avait destinée ; car, le matin du 26, toutes ses douleurs la quittèrent, et elle passa le jour dans une paix et un calme profonds. Vers minuit, un grand changement se déclara, et il était évident que la mort tant désirée, si longtemps attendue, approchait enfin. Une des religieuses, qui lui était particulièrement

chère, se trouva bientôt à ses côtés. Ce fut pour elle
une dernière occasion de montrer combien il lui était
devenu habituel de tout sacrifier à Dieu et au prochain.
« Je serais très contente, lui dit-elle, de vous avoir
auprès de moi dans mes derniers moments : mais allez
près de la pauvre Alice (une jeune fille mourante aussi)
et, de crainte que vous ne soyez inquiète à mon sujet,
je vous dirai que j'ai fait autant que possible tous mes
actes de préparation à la mort. » Ce furent ses dernières
paroles. Pendant son agonie, elle conserva une présence
d'esprit parfaite, baisant affectueusement le crucifix
toutes les fois qu'il lui était présenté ; deux fois on la
vit lever les yeux au ciel et regarder fixement chaque
fois, puis elle les ferma délibérément et rendit à Dieu
son âme très pure. C'était le 27 janvier 1869, à deux
heures du matin.

Nous avons tout lieu d'espérer qu'au jugement de sœur
Marie-Alphonse, Notre-Seigneur se sera souvenu de
cette prière qu'elle lui avait si souvent adressée pendant
sa vie : « O Verbe Incarné, mon Époux, mon Frère et
mon Pain de chaque jour, vous avez promis que quicon-
que mangerait votre corps sacré, trouverait la vie en
vous. Ah ! mon Sauveur, accomplissez en moi pour
votre gloire cette parole divine. Otez-moi ma vie propre,
et substituez-y la vôtre. Lorsque vous venez en moi par
la sainte Communion, ô mon juge, anticipez votre jugement final... et portez sentence de mort sur tout ce que
vous trouverez en moi de contraire à votre amour....
Régnez librement dans mon âme en m'attachant à vous
pour toujours. Vivez par l'anéantissement de ma vie, O

mon Dieu qui avez répandu tout votre sang pour moi !
confiante en l'efficacité de votre grâce, de votre amour
miséricordieux et fidèle, je m'offre à vous pour accomplir en ma personne et selon votre volonté ce qui manque à votre Passion dans le sens de la parole de
l'Apôtre. » Elle avait aussi souvent prié Dieu de lui
permettre de souffrir son Purgatoire en cette vie.
« Elle ne pouvait, disait-elle, souffrir la pensée de la
prison à l'heure des fiançailles. » Sa prière fut-elle exaucée? Son directeur, qui la connaissait si bien, exprima
la ferme conviction que cette prière avait été entendue
et qu'elle fut unie à Dieu immédiatement après sa mort.

Son corps était réduit presque à l'état de squelette,
mais sa figure respirait une douce et heureuse paix. Un
grand nombre de personnes visitèrent sa dépouille mor-
telle avec une grande vénération, avant qu'elle ne fût
déposée dans les caveaux de l'église Saint-Patrice, sa
paroisse.

Si nous considérons attentivement la vie de sœur
Marie-Alphonse, nous en viendrons facilement à conclure
que celle qui avait si généreusement embrassé la croix
de Jésus-Christ pendant sa vie, jouit maintenant de ses
récompenses dans le ciel.

Un grand nombre de ses poèmes ne sont que l'expression de ses actes d'espérance et de ses prières de chaque
jour.

Nous terminerons cette notice en donnant un extrait
de son petit poème sur le ciel :

Le Ciel.

Lève les yeux, et vois
Dans une extase ineffable
Ce que Dieu t'a préparé,
Dans son séjour éternel.

Les joies qui ne finissent jamais,
Les couronnes qui ne se peuvent flétrir
Seront à toi à tout jamais
Quand la mort t'y introduira.

O Dieu! que mon profit est grand !
Combien peu me coûte ce trésor !
Au prix même d'une vie de douleurs,
Acheter des plaisirs sans fin !

Oh! donnez-moi de bénir
La croix que vous m'avez présentée,
Dans l'attente de l'heureux moment
Où mes lèvres baiseront dans le ciel
Les plaies de Jésus mon Sauveur.

Troisième Partie

EXERCICES DE PIÉTÉ EN L'HONNEUR DE S. ALPHONSE

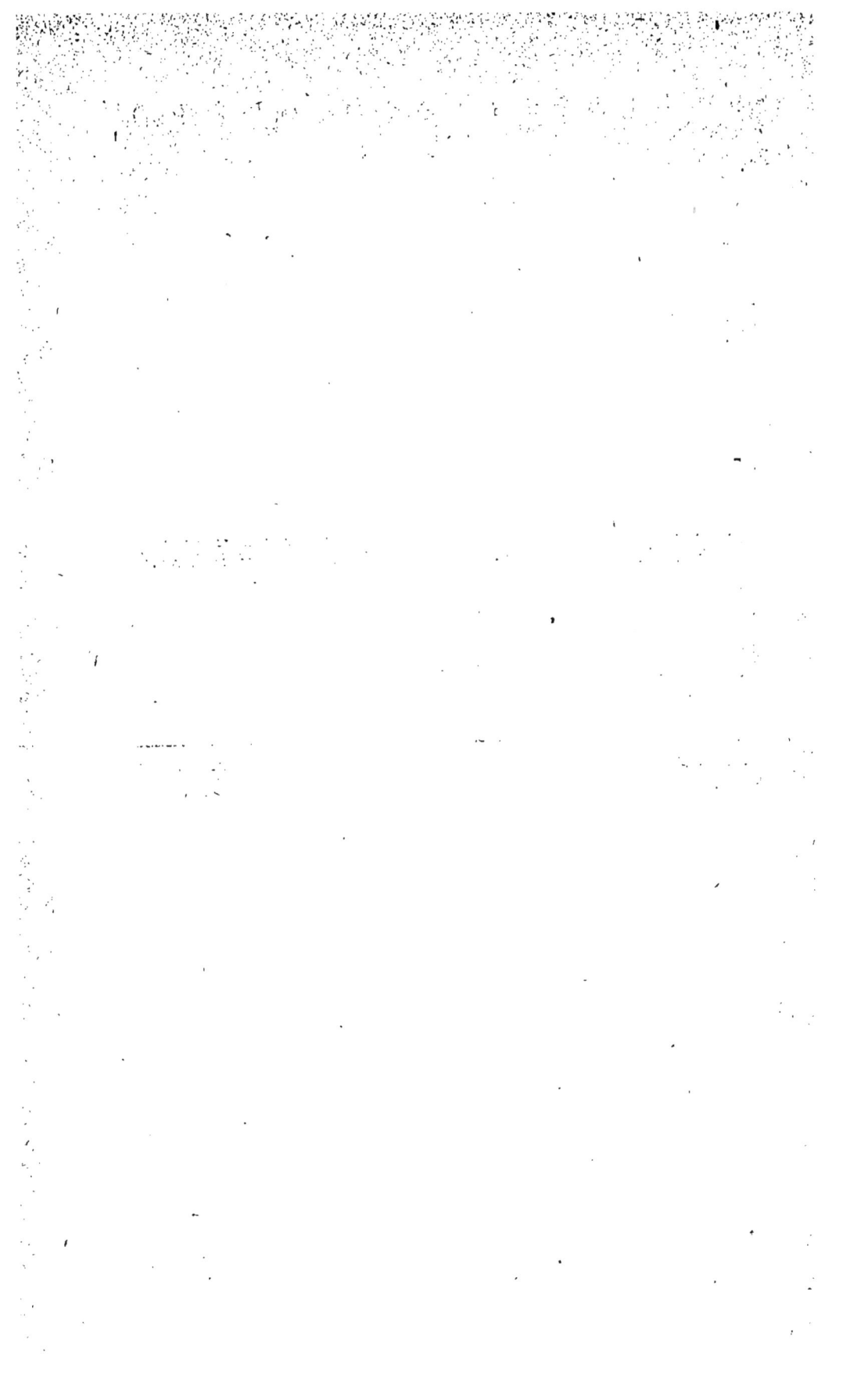

Troisième Partie

EXERCICES DE PIÉTÉ EN L'HONNEUR
DE SAINT ALPHONSE

1. — Foi de saint Alphonse.

CONSIDÉRATION.

Dès sa plus tendre jeunesse, éclairé des lumières de la foi, Alphonse marcha en la présence de Dieu. Il se représentait vivement cette divine Majesté qui l'environnait, et qui tenait jour et nuit ses yeux ouverts sur toutes ses actions et sur toutes ses démarches. Aussi était-il toujours grave et recueilli.

Ce fut la foi qui lui découvrit que, dans le monde, dans les honneurs et dans les plaisirs, tout n'est que misère, boue et vanité, et qu'un cœur chrétien ne doit pas s'y attacher, mais rechercher uniquement Dieu, comme étant seul capable de satisfaire tous ses désirs. Aussi renonça-t-il à tout pour se donner tout à Dieu. Pour s'affermir dans cette généreuse résolution, il se représentait souvent le nombre prodigieux de personnes de tout âge, de tout sexe, de tout rang, qui ont quitté le monde afin de sauver leur âme. Après cette considération, il s'écriait : « O mon Jésus! je vous rends grâces

des lumières que vous m'avez données ; elles m'ont fait
connaître que tous les biens de la terre ne sont que
fumée, illusion, boue, vanité, et que vous seul êtes le
vrai bien. "

Notre Bienheureux appréciait singulièrement le bonheur d'être né dans le sein de l'Église catholique ; il en
témoignait à Dieu une continuelle reconnaissance. " Je
vous remercie, ô mon Dieu ! disait-il, de m'avoir donné
la sainte foi. Je crois tout ce que l'Église me dit de
croire, parce que c'est vous qui l'avez révélé. Je ne pré-
tends pas comprendre et expliquer des mystères qui sont
au-dessus de mon intelligence ; il me suffit que vous ayez
parlé ; je vous prie seulement d'augmenter ma foi. "

" Notre sainte religion, disait-il souvent, est la seule
véritable. Je répandrais tout mon sang et je sacrifierais
mille vies pour elle ; remercions le Seigneur de ce que
nous la professons. Oh ! combien sont insensés ces
chrétiens qui ont la foi, et qui vivent comme s'ils ne
croyaient point ! "

Tels étaient les sentiments de douleur qu'éprouvait
saint Alphonse à la vue du peu de foi qu'il y a dans le
monde, même parmi ceux qui se disent chrétiens. Il
aurait désiré parcourir l'univers pour enseigner à tous les
hommes la vraie religion. Il ne put accomplir ce désir,
mais il s'en dédommagea en fondant la congrégation
du très saint Rédempteur, en composant grand nombre
d'ouvrages remplis de science et de piété, et en se livrant
toute sa vie à l'instruction des ignorants. Enfin il
adressait tous les jours de ferventes prières à Dieu,
afin qu'il daignât faire triompher la foi de tous les

obstacles que lui opposent l'impiété et les passions.

Que le fruit de cette considération soit de nous faire imiter la foi vive de saint Alphonse. Croyons fermement tout ce que Dieu a révélé à son Église, parce qu'il ne peut se tromper. Produisons souvent des actes de foi. Enfin demandons à Dieu la grâce de croire jusqu'à la fin, et de mourir dans la foi de l'Église catholique.

AFFECTIONS.

O puissant Protecteur saint Alphonse ! nous rendons grâces à Dieu de l'amour ardent dont il a embrasé votre cœur pour notre sainte foi ; vous vous êtes efforcé par tous les moyens qui ont été en votre pouvoir, de défendre les dogmes de l'Église, et de faire briller, aux yeux des ignorants, les lumières de la foi. Nous vous prions, ô vénéré Protecteur, de nous obtenir par vos mérites la grâce de croire fermement toutes les vérités que l'Église nous enseigne. Que nous en fassions la règle de nos pensées, de nos désirs et de nos actions, afin que, comme vous, nous puissions devenir grands dans la foi et obtenir la vie éternelle.

Et vous, mon très aimant Jésus ! vous qui, après avoir prévu mes ingratitudes, n'avez point laissé de m'accorder tant de grâces, spécialement celle de m'appeler à la vraie Foi ; vous qui n'avez pas dédaigné de vous donner à moi tant de fois et avec tant d'amour dans votre divin Sacrement, ah ! veuillez par votre miséricorde enflammer tellement mon cœur que toutes mes actions soient désormais conformes à ma foi. O adorable, ô vrai, ô unique

amant de mon âme ! quand enfin, quand viendra le jour
où je commencerai à vous aimer de tout mon cœur?
Ah ! que ce soit aujourd'hui ce jour heureux pour moi.
De grâce, ô mon Rédempteur ! par les mérites de votre
sang, par ceux de votre très sainte Mère Marie, et
aussi de votre fidèle serviteur, saint Alphonse, donnez-
moi, je vous prie, un amour si ardent envers votre
bonté, qu'il me fasse pleurer sans cesse les offenses que
je vous ai faites, et me porte à ne plus chercher à
l'avenir que ce qui vous est agréable, afin de ne plaire
qu'à vous seul, comme vous le méritez.

2. — Espérance de saint Alphonse.

CONSIDÉRATION.

SAINT Alphonse est un modèle accompli de l'espérance et de la confiance qu'un chrétien doit
avoir en Dieu ; qui plus que lui a eu besoin
de ces deux vertus? Jeune encore, il se vit obligé de
lutter longtemps contre les prières et la volonté inflexible
d'un père qui voulait, contre la volonté divine, le faire
rester dans le monde. Devenu prêtre, il fonda sa congrégation sans aucune ressource humaine. Les prétendus
sages le tournèrent en dérision, le traitèrent d'insensé ;
on en vint même à de basses et odieuses calomnies
pour renverser ses desseins. Ses amis l'abandonnèrent

dans cette occasion. Ses disciples, ceux qui lui donnaient le plus d'espérances pour son œuvre, le délaissèrent. Devenu évêque, il est obligé de lutter contre tous les vices, contre des abus invétérés, pour rétablir les bonnes mœurs et mettre la réforme dans tout son diocèse. De retour parmi ses chers disciples, lorsqu'il pouvait espérer un peu de repos, le démon se réveilla plus ardent et plus furieux que jamais. Pour purifier et perfectionner de plus en plus son serviteur, Dieu sembla l'abandonner au malin esprit qui le tenta de toutes manières. Le démon lui insinue qu'il est damné sans ressource. Joignez à cela des infirmités, des douleurs, des tentations de tout genre, et vous aurez une idée des épreuves par lesquelles Dieu s'est plu à faire passer notre Bienheureux.

Cependant, au milieu de toutes ces tribulations, il met sa confiance en Dieu et ne se laisse pas abattre : « Le démon veut me désespérer, dit-il, mais je me confie en Jésus-Christ. » Au plus fort de ses troubles intérieurs, on l'entendit s'écrier : « J'espère en vous, Seigneur, j'espère en vous ! votre sang est toute mon espérance. » Tels étaient les sentiments d'espérance de notre bienheureux Père. Non content de les avoir pour lui-même, il s'efforçait encore de les faire naître dans tous les cœurs, surtout dans les cœurs des pécheurs.

Prenons à tâche d'imiter la ferme espérance de saint Alphonse. Plus notre confiance en Dieu sera grande, plus nous avancerons dans son amour.

AFFECTIONS.

Nous rendons grâces à Dieu, ô glorieux saint Alphonse, de la vive espérance dont votre âme était remplie. Vous avez renoncé au monde pour suivre Jésus crucifié, et dans vos peines et vos contrariétés, vous n'avez cessé de répéter : « J'espère en vous, Seigneur, je ne serai pas confondu. » Nous vous prions, ô bienheureux Protecteur, de nous obtenir par les mérites de Jésus et de Marie, une ferme espérance en la miséricorde de Dieu, afin qu'après avoir supporté avec patience les misères de cette vie, nous puissions arriver au ciel.

Et vous, ô Père éternel, vous qui pour me pardonner et me sauver n'avez point épargné votre Fils bien-aimé, et l'avez livré à la mort, pour l'amour de ce Fils adorable, je vous en supplie, pardonnez-moi et sauvez-moi. Mon Créateur et mon Père, vous n'êtes pas seulement miséricordieux, vous êtes encore fidèle ; vous devez accorder ce que l'on vous demande pour l'amour de Jésus, qui nous a promis que vous nous donneriez tout ce que nous vous demanderions en son nom. Je remets entre vos mains, Seigneur, toutes mes espérances et toute mon âme, afin que je demeure en vous avec assurance durant toute ma vie et qu'au sortir de ce monde je rende le dernier soupir en m'abandonnant tout à vous.

Et vous, ma bonne Mère et mon Espérance, Marie ! procurez-moi la grâce de toujours prier et de ne jamais cesser d'avoir confiance dans les mérites de Jésus et dans les vôtres.

3. — Ardente charité de saint Alphonse.

CONSIDÉRATION.

SAINT Alphonse disait que, parmi toutes les vertus, la charité est celle qui nous unit le plus étroitement à Dieu. Voilà pourquoi il chérissait tant cette aimable vertu. Rien ne pouvait satisfaire l'excès de ses sentiments pour Dieu, et son cœur gémissait dans la pensée qu'il n'en pourrait jamais faire assez. Il désirait aimer Dieu autant qu'il est aimable.

Telle était sa disposition habituelle ; il aurait mieux aimé être haché en morceaux que de consentir à commettre un péché de propos délibéré : « Non, ô mon Dieu, s'écriait-il, ni la mort, ni la vie, ni les anges, ni les puissances, ni aucune créature ne pourra jamais me séparer de vous. »

Le plus vif de ses regrets était d'avoir offensé Dieu : « O mon Jésus, s'écriait-il, que ne vous ai-je toujours aimé ! que n'ai-je toujours évité de vous offenser ! que ne puis-je vous aimer autant que je vous ai offensé ! »

Si l'amour se mesure sur le désir qu'a l'âme de souffrir et d'être humiliée pour plaire à Dieu, combien fut grand et parfait l'amour de saint Alphonse, lui qui eut à souffrir tant de peines et de contradictions de la part des hommes, de tentations longues et violentes de la part du démon ; enfin joignez à cela des maladies cruelles, des infirmités de tout genre. Et néanmoins, il n'ouvrit jamais la bouche pour se plaindre ; au contraire, toujours content, toujours résigné, il disait volontiers : « Coupez, Seigneur, brûlez en cette vie, pourvu que vous m'épargniez dans l'autre. »

Si l'amour d'Alphonse pour Dieu et son divin Fils était si grand, son désir de le voir aimer de tous les hommes n'était pas moindre : il aurait voulu parcourir l'univers tenant à la main une torche allumée, et embraser tous les cœurs d'un vaste incendie. « Aimons-le, disait-il, ce Dieu de bonté, aimons-le lui seul, pendant que nous sommes sur la terre, pour l'aimer ensuite pendant toute l'éternité. » — C'est ainsi que saint Alphonse encourageait tout le monde à aimer Dieu. Regardons ses instances comme nous étant adressées à nous-mêmes et efforçons-nous de les mettre en pratique. Répétons sans cesse avec lui : Dieu, Dieu seul, voilà l'unique objet de mon amour !

AFFECTIONS.

Nous rendons grâces à Dieu, ô glorieux saint Alphonse, de cette charité si pure dont votre cœur était embrasé ; vous avez été fidèle à Dieu en faisant une guerre continuelle à vos passions, par la mortification et la pénitence. O bienheureux Protecteur, par vos mérites, par le sang de Jésus-Christ et par l'intercession de Marie, obtenez-nous une charité pure et ardente, une ferme résolution de mourir plutôt que de pécher, un amour filial envers Dieu ; afin qu'après l'avoir aimé dans ce monde, nous puissions l'aimer avec vous éternellement dans le ciel.

Et vous, ô mon Dieu, permettez que je vous dise : O amour, vous qui m'aimez plus que je ne saurais le concevoir, faites en sorte que mon âme vous serve selon votre bon plaisir plutôt qu'à son gré. Qu'il meure dès ce moment, ce moi, et qu'un autre que moi vive en moi! Qu'il vive et me donne la vie! qu'il règne, et que je sois son esclave! mon âme ne veut point d'autre liberté. Heureux ceux pour qui les bienfaits de votre miséricorde sont des chaines qui les captivent et qu'ils ne sauraient rompre! « L'amour est fort comme la mort, et inflexible comme l'enfer. » Oh! mille fois heureux celui qui se voit abimé dans ce divin enfer, sans espérance, ou plutôt sans crainte d'en sortir jamais!

Et vous, ô sainte Vierge Marie, vous qui avez été, qui êtes toujours la plus aimante de toutes les créatures et la plus aimée de Dieu; vous par qui l'amour divin nous est donné; secourez-moi, aidez-moi afin que je ne sois plus ingrat envers un Dieu si aimable et qui m'a tant aimé!

4. — Humilité de saint Alphonse.

CONSIDÉRATION.

ELUI qui aime Dieu est humble et modeste ; il
ne s'enfle pas d'orgueil s'il aperçoit en lui
quelque mérite, parce qu'il sait bien que tout
ce qu'il a n'est qu'un don de Dieu, et qu'il n'a, lui, que
le néant et le péché. Plus il voit que Dieu l'a comblé de
faveurs, plus il s'humilie, parce qu'il ne s'en trouve pas
digne. Oh ! si nous pouvions connaître le prix de l'humilité ! un acte d'humilité a plus de valeur que toutes les
richesses du monde !

Alphonse, en parlant de la sorte, ne pensait pas qu'il
traçait son propre portrait. Si, comme il le dit, l'amour
de Dieu et l'humilité sont sœurs et inséparables, il nous
en donne, en lui-même, une preuve bien convaincante.
Il se regardait comme la plus misérable des créatures,
et il aurait voulu être placé au dernier rang et foulé aux
pieds de tout le monde. Il ne suffit pas, pour être humble, d'avoir une basse opinion de soi ni de se regarder
comme un être misérable. L'homme véritablement
humble s'abaisse et désire que les autres le rabaissent
encore. C'est là ce que Jésus-Christ nous recommande
si fort en disant : Apprenez de moi que je suis doux et
humble de cœur. Celui qui se prétend le plus grand
pécheur du monde et puis s'irrite contre ceux qui le

méprisent, donne la marque la plus évidente qu'il n'est humble que dans ses paroles. Ce n'est point ainsi qu'était notre bienheureux. Il regardait comme ses meilleurs amis ceux qui le méprisaient. Les affronts, les paroles blessantes étaient pour lui-même une jouissance.

A la vue des outrages du Rédempteur, il se réjouissait de ceux qu'il éprouvait.

A l'exemple de saint Alphonse, regardons l'humilité comme le fondement de toute vertu solide et de toute perfection durable. Pour nous engager à supporter les injures, les calomnies, les affronts, nous devons considérer qu'ils sont un grand remède contre notre orgueil; qu'étant pécheurs, nous ne méritons pas d'autres traitements, et qu'il faut passer par ces épreuves pour être conformes à Jésus-Christ qui nous dit : « Apprenez de moi que je suis doux et humble de cœur. »

AFFECTIONS.

Nous rendons grâces à Dieu, ô vénéré Protecteur, de cette profonde humilité qui vous faisait vous regarder comme le plus vil des pécheurs; pendant votre longue carrière, vous n'avez été occupé qu'à rendre gloire à Dieu du bien qu'il opérait par votre ministère. O bienheureux Protecteur et Père, guidez vos enfants dans les voies salutaires de l'humilité, et faites que nous méritions de vivre et de mourir dans les Sacrés-Cœurs de Jésus et de Marie.

Et vous, mon très humble Jésus, vous qui, pour m'apprendre à supporter les humiliations, et pour me

les rendre douces et aimables, avez voulu être ici-bas
le plus méprisé et le plus humilié de tous les hommes,
au point d'être rassasié d'opprobres et de vous rendre
l'opprobre des hommes, ah! mettez fin par la plénitude
de vos miséricordes, au désordre que la vanité produit
dans mon cœur. Mon bien-aimé Rédempteur, je désire
et je demande d'être humilié avec vous; et puisque j'ai
eu l'audace de mépriser tant de fois votre majesté et
votre bonté infinies, je veux maintenant embrasser tous
les mépris pour vous plaire. Mais, Seigneur, à quoi ser-
viront ces résolutions, si vous ne m'aidez à les exécuter?
O mon Jésus humilié pour moi, puisque vous voulez
mon salut, aidez-moi, par le mérite des opprobres que
vous avez endurés, aidez-moi à supporter patiemment
tous les mépris que je recevrai durant ma vie.

Et vous qui, après Jésus, avez été la plus humble
de toutes les créatures, et, à cause de cet abaisse-
ment, élevée à une si sublime dignité, ma très sainte
Mère Marie, procurez-moi une vraie humilité, non pour
parvenir à un très haut degré de gloire, mais pour
plaire beaucoup à Dieu, et pour me rendre plus semblable à vous et à mon Jésus méprisé.

5. — Dévotion de saint Alphonse à Jésus naissant.

CONSIDÉRATION.

Saint Alphonse avait une dévotion toute particulière pour le mystère de l'Incarnation ; elle se manifestait par un redoublement d'austérités et de prières dans le saint temps de l'Avent. C'était alors le grand et presque·unique sujet de ses méditations. — L'indifférence que montrent la plupart des hommes pour ce grand mystère, l'accablait de tristesse. « O mon Dieu, s'écriait-il, qu'il est borné le nombre de ceux qui sont reconnaissants envers vous, et que vous trouvez fidèles à votre amour ! »

La nuit de Noël était pour lui une nuit de douces larmes, de saints transports, d'admirables extases. Alors sa piété, surtout dans la célébration de la sainte Messe, communiquait un attendrissement involontaire à tous les assistants. Il semblait qu'il voyait de ses yeux l'Enfant-Jésus enveloppé de pauvres langes, étendu dans la crèche sur un peu de paille, pleurant, gémissant, et privé de tout secours ; cette vue remplissait ses yeux de larmes abondantes, et son cœur d'un amour brûlant.

Transporté en esprit dans la grotte de Bethléem, tantôt il lui semblait être en la compagnie des heureux bergers qui, dociles à la voix des Anges, vinrent adorer leur Sauveur naissant; tantôt dans celle des saints Rois de l'Orient, et comme eux lui offrir des présents, surtout son cœur afin qu'il le remplît de son amour. La pensée du mystère de l'Incarnation le mettait hors de lui-même, et l'on a remarqué que, lorsqu'il disait le dernier Évangile de la Messe, il tenait ses yeux fixés sur un tableau qui était devant lui, représentant ce grand mystère, et qu'alors son visage était tout en feu. Il soupirait et gémissait sur l'aveuglement des hommes en pensant que le Fils de Dieu était venu sur la terre et que les hommes l'avaient rejeté. « O mon Sauveur, disait-il, si tous les hommes vous repoussent, venez habiter dans mon cœur; il est à vous, je vous le donne tout entier. » — Enfin, en prononçant ces dernières paroles : *Et Verbum caro factum est.* Et le Verbe s'est fait chair, il fléchissait le genou jusqu'à terre et adorait profondément son Sauveur.

A l'exemple de saint Alphonse, pensez souvent au grand bienfait de l'Incarnation ; et efforcez-vous d'imiter les vertus d'un Dieu fait homme comme vous et pour vous.

AFFECTIONS.

O saint Alphonse, nous bénissons Jésus-Christ de l'amour dont vous étiez pénétré pour le grand mystère de son Incarnation. Vous en faisiez souvent le sujet de vos saintes méditations. O bienheureux Protecteur ! par vos mérites et par l'amour que vous avez eu pour Jésus et Marie, obtenez-nous la grâce de méditer souvent et efficacement ce mystère de notre salut, afin que nous puissions dire avec l'Apôtre : Jésus est notre vie.

Et vous, ô divin Enfant, mon Rédempteur, puisque vous êtes descendu du ciel pour vous donner à moi, qu'irai-je chercher sur la terre et dans le ciel même, sinon vous qui êtes le Bien suprême et le paradis des âmes? Que mon cœur n'obéisse donc désormais qu'à vous et ne cherche qu'à vous plaire, car vous seul aimez mon âme. Que d'autres cherchent les biens de ce monde; soyez vous-même ô divin Enfant, ma richesse, mon bien, ma paix, mon espérance dans cette vie et dans l'autre. — O Enfant Jésus, j'espère de vous le pardon de mes péchés; mais le pardon ne me suffit pas. Vous accordez de grandes faveurs aux âmes, je vous demande une grâce signalée, c'est celle de vous aimer. Maintenant que je suis à vos pieds, embrasez-moi de votre saint amour; unissez-moi à vous, mais que ce soit avec des liens tels que je ne puisse plus me séparer de vous. Je vous aime, ô divin Enfant; mais c'est peu encore, je voudrais vous aimer davantage. Je viens baiser vos pieds, et vous apporte mon cœur; je vous l'abandonne, changez-le et conservez-le à jamais; et surtout ne me le rendez pas, car je crains qu'il ne vous trahisse.

6. — Dévotion de saint Alphonse à Jésus souffrant.

CONSIDÉRATION.

AINT Alphonse eut toute sa vie, pour la passion du Sauveur, la dévotion la plus grande
et la plus affectueuse. Un crucifix qu'il avait
toujours dans sa chambre, et sur lequel ses regards se
reposaient souvent avec amour, ramenait continuellement ses pensées vers Jésus-Christ, objet le plus cher
de ses méditations. Il redoublait d'austérités tous les
vendredis et particulièrement durant la Semaine Sainte ;
pendant ces saints jours consacrés au souvenir des douleurs du Fils de Dieu, il était comme abîmé dans la contemplation de ses souffrances. Il faisait presque régu-
lièrement tous les jours le Chemin de la croix. Dans sa
vieillesse, lorsqu'il ne lui fut plus possible de marcher,
il se faisait traîner d'une station à l'autre.

Il faisait tous ses efforts pour inspirer au peuple la
dévotion à la passion du Sauveur ; il voulait qu'une foule
d'objets qu'ils ont toujours sous les yeux, leur rappe-
lât ses souffrances : « Est-ce des épines que vous voyez ?
disait-il, pensez que Notre-Seigneur en fut déchiré !
Est-ce une arme tranchante ? pensez à la lance qui a
percé son cœur. Le bois vous rappelle la croix sur
laquelle il est mort ; le fer, les instruments de ses bour-

reaux ; les pointes aiguës, les clous qui l'ont attaché sur l'autel de son sacrifice. Que de choses vous disent ce qu'il en fut de votre Dieu aux jours de sa Passion ! sachez entendre ce langage : il est salutaire. »

Alphonse avait coutume de dire que rien n'est plus utile à ceux qui veulent acquérir le salut éternel, que de penser chaque jour aux peines que Jésus-Christ a souffertes pour l'amour de nous. Le péché ne peut régner dans l'âme qui considère souvent la mort du Sauveur. Il n'y a pas d'exercice plus propre à allumer dans un cœur l'amour divin, que la méditation sur la Passion du Rédempteur, et l'ignorance des trésors que renferment ses plaies sacrées est la ruine de bien des chrétiens.

C'était dans cette foi et dans cette pensée continuelle aux souffrances du Sauveur, qu'il avait puisé et qu'il allait à chaque instant réchauffer son amour pour Jésus-Christ.

Aimons, nous aussi, ce divin Rédempteur et pour exciter de plus en plus dans nos cœurs cet amour, méditons sans cesse la Passion de Jésus-Christ. Si nous la méditons, nous y trouverons un puissant secours dans nos peines et un remède à tous nos maux. Les plaies de Jésus-Christ sont les sources où nous pouvons puiser toutes les grâces qui nous sont nécessaires, si nous les demandons avec ferveur et avec confiance.

AFFECTIONS.

O saint Alphonse, notre puissant Protecteur, par les larmes que vous avez répandues, et par la tendre compassion que vous éprouviez en contemplant la Passion de votre Jésus, obtenez-moi un souvenir continuel et tendre des souffrances de mon Rédempteur; et par les saintes flammes d'amour que ces pensées et ces entretiens allumaient dans votre cœur, obtenez-en une étincelle à mon âme qui, par ses péchés, a tant contribué aux douleurs de Jésus.

Et vous, ô Marie, par tout ce que vous avez souffert à Jérusalem, à la vue des tourments et de la mort de votre Fils bien-aimé, obtenez-moi une grande douleur de mes péchés.

Et vous, mon doux Jésus, qui avez enduré tant de peines et qui êtes mort pour moi, faites que je n'oublie jamais un si grand amour. Mon Sauveur, votre mort est mon espérance : je crois que vous avez sacrifié votre vie pour moi, et j'espère mon salut par vos mérites. Je vous aime par-dessus toutes choses, je vous aime plus que moi-même, je vous aime de tout mon cœur; je vous aime, et pour votre amour, je suis prêt à tout souffrir. Je regrette comme le plus grand des malheurs de vous avoir offensé, ô souverain Bien ! je ne désire autre chose que de vous aimer et de vous plaire; aidez-moi, Seigneur, ne permettez pas qu'il m'arrive jamais de me séparer de vous.

7. — Dévotion de saint Alphonse au Saint-Sacrement.

CONSIDÉRATION.

Dès sa plus tendre jeunesse, Alphonse faisait ses plus chères délices de visiter Jésus dans l'Eucharistie, et il trouvait que les heures s'écoulaient rapidement dans ces tendres communications avec Notre-Seigneur. Devenu prêtre, sa piété envers l'adorable sacrement de nos autels s'augmenta encore, et on le voyait souvent interrompre ses occupations ou son sommeil pour aller à l'église rendre à Jésus-Christ ses hommages et ses adorations. Il en fut de même durant son épiscopat, et les fidèles étaient édifiés de le voir des heures entières prosterné à terre devant le très saint Sacrement. De retour dans sa Congrégation, il lui arrivait souvent de passer plus de huit heures par jour à l'église. Il était tantôt à genoux, tantôt assis, priant toujours avec une ferveur qui attendrissait ceux qui en étaient témoins.

De plus, il s'efforçait d'inspirer aux fidèles la dévotion envers la divine Eucharistie. Il est certain, disait-il, que parmi toutes les pratiques de piété, il n'en est point, après la sainte communion, de plus agréable et de plus avantageuse pour nous que de rendre de fréquentes visites à Notre-Seigneur Jésus-Christ résidant sur les saints

autels. « Sachez, dit-il, que vous obtiendrez peut-être
» plus en un quart d'heure d'oraison devant le très saint
» Sacrement que dans tous les exercices spirituels de
» toute la journée ! »

Et en effet, que peut refuser le Sauveur à ceux qui le
visitent dans le Sacrement de son amour ? Il y demeure
jour et nuit pour y recevoir nos hommages et écouter
nos requêtes.

Cette considération excitait dans le cœur de notre
bienheureux Père les sentiments d'amour les plus vifs
envers Jésus-Christ.

Que la conduite des Saints est différente de la nôtre !
Ils n'avaient point de moments plus précieux que ceux
qu'ils passaient à s'entretenir avec Jésus-Christ au très
saint Sacrement de l'autel, et ils y restaient le plus
longtemps qu'ils pouvaient. Dès aujourd'hui, réformons-
nous sur ce point, et prenons la résolution de visiter
Jésus-Christ le plus souvent que nous pourrons au
Saint-Sacrement. C'est là que nous réchaufferons notre
piété, si elle est languissante.

AFFECTIONS.

O saint Alphonse, vous qui, par votre pureté et votre
ardent amour, faisiez sur la terre les délices de votre
Dieu ; vous à qui il se donnait dans la sainte communion
avec une si grande abondance de grâces : priez Dieu
pour moi qui, hélas ! loin de faire ses délices, ne lui ai
causé que des souffrances par ma mauvaise vie ! priez-le
de me pardonner et de me donner un cœur nouveau,

semblable au vôtre, un cœur pur et plein d'amour.

Et vous, ô mon bien-aimé Rédempteur, ami trop aimable, il ne vous reste pas de plus grandes preuves à me donner pour me persuader de votre amour que le don de vous-même dans le Saint-Sacrement. J'en remercie votre bonté. Ah! mon Jésus, attirez-moi tout à vous, faites que je vous aime désormais de toute la tendresse de mon amour. Qu'il suffise aux autres de vous aimer seulement d'un amour appréciatif et prédominant; je sais que vous vous en contentez; mais moi je ne serai content que lorsque je verrai que je vous aime encore avec plus de tendresse qu'un père, qu'un frère, qu'un ami! Et où pourrai-je trouver un père, un frère, un ami qui m'aime autant que vous m'aimez, ô mon Créateur, mon Sauveur et mon Dieu, qui par amour pour moi avez donné votre sang et votre vie, et qui, après cela, vous donnez encore tout entier à moi dans ce sacrement d'amour! Je vous aime donc, ô mon Jésus! de tout mon cœur. Je vous aime plus que moi-même : aidez-moi à vous aimer, je ne vous demande rien de plus.

O amour de mon cœur, très saint Sacrement, oh! que je me souvienne toujours de vous, afin d'oublier tout le reste et de vous aimer seul toujours et sans réserve! Oh! mon Jésus, vous avez tant frappé à la porte de mon cœur, qu'enfin vous y êtes entré, ainsi que je l'espère; mais puisque vous y êtes entré, chassez-en, je vous en prie, toutes les affections qui ne tendent pas à vous. Emparez-vous tellement de moi que je puisse aussi, comme le prophète, dire en vérité : Mon

Dieu, que désiré-je, si ce n'est vous sur la terre et dans le ciel? Vous seul serez toujours l'unique maître de mon cœur et de ma volonté, et vous seul devez être tout mon héritage, toute ma richesse dans cette vie et dans l'autre.

---

8. — Dévotion de saint Alphonse au Sacré-Cœur.

CONSIDÉRATION.

Saint Alphonse disait que la dévotion la plus excellente de toutes, est l'amour de Jésus-Christ : cette dévotion consiste à penser souvent à l'amour que nous a porté et que nous porte encore cet aimable Rédempteur. C'est une chose digne de larmes, de voir qu'il y a des chrétiens qui s'appliquent soigneusement à pratiquer diverses dévotions et qui négligent pourtant celle-ci ; et que plusieurs prédicateurs et confesseurs disent beaucoup de choses, tandis qu'ils ne disent pour ainsi dire rien de l'amour du Cœur de Jésus-Christ. C'est à cette négligence qu'il faut rapporter le peu d'avancement des âmes dans la vertu, et le malheur qu'elles ont de languir dans leurs défauts et de tomber même dans des fautes graves, parce que, n'en étant point souvent averties, elles font peu attention à acquérir l'amour de Jésus-Christ, ce bien précieux qui unit l'âme à Dieu.

Saint Alphonse nous donne à tous un grand enseignement dans ce peu de paroles, et assurément, il ne mérita jamais le reproche qu'il fait ici à bien des gens. Qui jamais mieux que lui connut tous les avantages que trouve une âme dans la pratique habituelle de l'amour de Dieu? Son cœur en était si rempli que toutes ses pensées se portaient vers cet objet, et il parlait fréquemment de son bien-aimé Sauveur.

« Le Verbe divin, disait-il, n'est venu au monde que dans le dessein de se faire aimer, et le Père éternel ne l'a envoyé non plus qu'afin qu'il nous révélât son amour, et qu'ainsi il s'attirât le nôtre, nous ayant protesté qu'il nous aimerait autant que nous aimerions son divin Fils. »

Ces considérations de l'amour de Jésus-Christ pour les hommes jetaient notre Saint hors de lui-même. « O étonnement! ô excès de l'amour divin! s'écriait-il, faites que les hommes vous connaissent, faites que les hommes vous aiment. Cœur de mon bien-aimé Sauveur, je veux vous dire sans cesse et jusqu'à mon dernier soupir : donnez-moi votre amour, donnez-moi votre amour, donnez-moi votre amour. »

Voulez-vous arriver à une haute perfection et assurer votre salut? ayez, vous aussi, une tendre dévotion au Cœur de Jésus. Consacrez-lui toutes vos pensées, toutes vos actions, toutes vos paroles, et soyez toujours attentif à ne rien faire que pour lui plaire et à éviter tout ce qui pourrait lui causer du déplaisir.

O saint Alphonse, dès votre plus tendre enfance, vous étiez pénétré d'un profond respect pour le Cœur de Jésus dans l'adorable sacrement de l'Eucharistie; nous en remercions Dieu et nous vous supplions de nous obtenir la grâce d'avoir pour cet adorable mystère un amour tendre, filial et constant, afin que nous méritions de le recevoir souvent pendant notre vie, mais surtout à l'heure de notre mort, et qu'ainsi nous arrivions au bonheur du ciel.

O Cœur adorable de mon Jésus! Cœur souverainement aimant, Cœur créé tout exprès pour aimer les hommes, comment ceux-ci peuvent-ils vous mépriser et correspondre si peu à votre amour! O amour de mon Jésus, vous êtes mon amour! O Cœur enflammé de mon Jésus, enflammez mon pauvre et misérable cœur. Vous me commandez de vous aimer, et vous me menacez de l'enfer, si je ne vous aime point; mais quel enfer plus horrible, quelle plus grande disgrâce peut-il m'arriver que celle d'être privé de votre saint amour? Si vous voulez m'épouvanter, menacez-moi seulement du malheur de vivre sans vous aimer, et cette menace m'effrayera plus que la menace de mille enfers. O mon Dieu! si les damnés pouvaient brûler des flammes de votre saint amour au milieu des flammes de l'enfer, l'enfer deviendrait pour eux un paradis; et si, au contraire, les bienheureux du Paradis ne pouvaient vous aimer, le ciel deviendrait un véritable enfer. Cœur de mon bien-aimé

Sauveur, je veux vous dire sans cesse et jusqu'à mon dernier soupir : donnez-moi votre amour, donnez-moi votre amour, donnez-moi votre amour.

9. — Dévotion de saint Alphonse envers Marie.

CONSIDÉRATION.

Toujours saint Alphonse fut un dévoué et zélé serviteur de Marie. Il passait des heures entières humblement prosterné aux pieds de sa bonne Mère, s'entretenant affectueusement avec elle, lui exposant ses besoins et lui demandant la grâce de persévérer dans son amour. Tous les samedis, il jeûnait au pain et à l'eau en son honneur; il célébrait toutes ses fêtes avec une tendre piété; il s'y préparait toujours par une neuvaine. Il récitait tous les jours son rosaire et observait fidèlement certaines pratiques de piété qu'il s'était imposées en l'honneur de Marie.

La confiance filiale de saint Alphonse envers la sainte Vierge le portait à recourir sans cesse à sa protection maternelle. Il invoquait souvent la Mère des douleurs. « Au pied de la croix, disait-il, Marie nous a adoptés pour ses enfants dans la personne de saint Jean. Par le glaive qui a percé son cœur, elle est devenue pour nous une Mère de Miséricorde. Allons donc nous jeter à ses pieds. Ce n'est pas la multitude de nos péchés qui doit

diminuer notre confiance; elle est la mère de la miséricorde et la miséricorde ne trouve place que là où se
rencontrent des misères à soulager.

Saint Alphonse parlait toujours avec une si grande
confiance et une si tendre dévotion de sa bonne Mère,
que souvent des pécheurs, jusque-là endurcis et presque
désespérés, se sentaient comme renaître à des sentiments inconnus, et pleins de courage et de résolution, ils
faisaient pénitence et se réconciliaient avec Dieu.

Enfants de saint Alphonse, nous ne devons nous
laisser vaincre par personne en fait d'amour pour Marie.
Nous devons l'aimer de tout notre cœur et être tout de
feu pour sa gloire. Voyons où en est notre dévotion
envers cette bonne Mère.

AFFECTIONS.

O saint Alphonse, nous rendons grâces à Notre-Seigneur Jésus-Christ de la tendre dévotion qu'il vous a
inspirée pour sa sainte Mère; vous y avez été fidèle
jusqu'à votre dernier soupir. Nous vous prions de nous
obtenir un amour tendre et filial envers cette bonne
Mère, la grâce d'imiter ses vertus, afin que, comme
vous, elle nous assiste pendant notre agonie et que nous
entourions son trône pendant toute l'éternité.

O mon bienheureux Protecteur, adressez-vous encore
à cette divine Mère qui peut tout; et puisqu'elle se glo-
rifie d'être le Refuge des pécheurs, dites-lui que j'en
suis un et le plus misérable de tous. Dites-lui qu'elle
me regarde désormais d'un œil plein de miséricorde,

qu'élle me secoure dans les tentations, qu'elle m'assiste au moment de la mort. Dites-lui que j'espère mon salut éternel grâce à sa toute-puissante protection. Dites-le-lui, ô grand Saint, et certainement elle vous exaucera, car si elle vous a tant affectionné pendant votre vie, combien plus doit-elle vous affectionner dans le ciel, où vous l'aimez et l'honorez encore davantage. Comme Marie est ma grande Reine et ma grande Avocate auprès de Jésus, ainsi vous, ô mon Père, soyez mon avocat auprès de Marie.

Et vous, très sainte Vierge Marie, qui êtes la consolatrice et le salut des âmes, faites que je sois votre serviteur et que je vous aime ardemment. Je mets en vous toutes mes espérances.

Appendice.

Le culte de saint Alphonse en Irlande.

CE que nous avons déjà dit sur ce sujet, nous ajouterons les témoignages suivants. Lorsque l'on présenta aux évêques d'Irlande la pétition relative au Doctorat de saint Alphonse, ces vénérables Prélats ne se contentèrent pas de signer une demande collective adressée au Souverain Pontife : [1] ils exprimèrent aussi, soit de vive voix, soit par écrit, les sentiments qui les animaient à l'égard du Saint.

« Il y a maintenant de longues années, disait Mgr Butler, évêque de Limerik, que, dans une conférence ecclésiastique, un jeune prêtre élevé à Rome osait opposer l'autorité du Saint à une opinion trop rigide soutenue dans la conférence par plusieurs, entre autres par le

(1) On peut lire cette lettre dans le magnifique volume dont nous avons déjà parlé. Il est intitulé : *Urbis et Orbis.* — *Concessionis tituli Doctoris et extensionis ejusdem tituli ad universam Ecclesiam in honorem S. Alphonsi Mariæ de Ligorio, Fundatoris Congregationis SS. Redemptoris ac olim Episcopi S. Agathæ Gothorum.* — *Romæ. 1870. Ex typographia S. Congr. de Propaganda fide.*

Si l'on joint à ce volume les cinq volumes in-folio du *Procès de canonisation* du Saint, on aura le plus magnifique monument élevé par l'Église elle-même à la gloire du saint Docteur.

doyen qui la présidait. Celui-ci, frappé du fait que son opinion était combattue par un Saint, se procura les écrits de saint Alphonse. Après les avoir lus, il modifia ses opinions sur beaucoup de points, et dans la suite, il devint zélé partisan de la doctrine qu'il avait autrefois combattue. „

Mgr Mac Evilly, évêque de Galway, informé de l'objet de la pétition, s'écria avec joie : « Oh ! si c'est cela que vous voulez, je suis votre homme ! „

Mgr Feeny, évêque de Killala, lut les réponses aux objections et dit : « Je suis prêt à signer la pétition avec le sang de mon cœur. „

Mgr Conaty, évêque de Kilmore, après avoir signé, demanda la retraite pour son clergé et la mission pour la ville de Caran. « Je veux, dit-il, que mon clergé et mon peuple soient remplis de l'esprit de saint Alphonse. „

Mgr Keane, évêque de Cloyne, écrivait : « Quoi que le Saint Père décide en sa sagesse, il est certain que saint Alphonse est, de fait, le Docteur de notre temps. Ses ouvrages de théologie et de dévotion pratique sont lus, étudiés, suivis par les professeurs, les étudiants, et la masse des fidèles. „

Mgr O'Hea, évêque de Ross, écrivait : « Jamais je n'ai signé de document avec un plus vif plaisir. „

Mgr Walsh, évêque d'Ossoy, disait à son tour : « Pour une telle cause, je choisirai ma meilleure plume et j'écrirai de ma meilleure écriture. „

« Ah ! s'écriait le vénérable Mgr O'Brien, on m'a enseigné de bonne heure à vénérer saint Alphonse. Je signerai bien volontiers. „

« Comment! s'écriait Mgr Derry, évêque de Clonfert, peut-il y avoir deux opinions sur ce point? »

Mgr Moriarty, évêque de Kerry, et Mgr Leahy, archevêque de Cassel, témoignèrent le même empressement. En un mot, l'épiscopat irlandais tout entier sollicita du Saint-Siège le Décret qui plaçait saint Alphonse au rang des Docteurs de l'Église.

Hymnes en l'honneur de saint Alphonse.

.(Ces hymnes charmantes, dont la composition est due à un fervent catholique d'Angleterre, M. le baron Braye, sont extraites de l'opuscule publié à Londres en 1872 sous ce titre : *Sancti Alphonsi Doctoris officium parvum. — Novena and Little office in honour of S. Alphonsus Liguori.* — Robert Washbourne. 18a, Paternoster row.)

A Matines.

Ave, stella confessorum,
Flos et honor electorum,
  Mitis pater pauperum ;
Ave, rosa plena rore,
Pollens lilium odore,
  Decus aulæ cœlitum.

Salut, étoile des confesseurs,
fleur des élus, gloire des saints,
doux père des pauvres ;
Salut, rose pleine de céleste
rosée, lis odorant et magnifique,
honneur de la cour céleste.

O Alphonse, fac in via
Ut progrediamur pia,
  Ad divina limina ;
Fac ut demum perducamur
Quo certissime fruamur
  Deo per cuncta sæcula.

O saint Alphonse, faites-nous
marcher, par la voie de la piété,
vers les célestes parvis ;
Obtenez-nous d'arriver un jour
là où nous jouirons en toute sécurité de Dieu, dans les siècles
des siècles.

A Laudes.

Laudet chorus angelorum,
Laudet cohors redemptorum,
  Fortem dei militem :
Filii Israel lætentur
Et virtute imitentur
  Tam præclarum principem.

.Que le chœur des anges, que la
cohorte des hommes rachetés célèbrent le vaillant soldat de Dieu.
Fils d'Israel, réjouissez-vous,
imitez les vertus de ce héros magnanime.

S. ALPH.

15

A Prime.

Comme le soleil sortant des flots, notre saint brille d'un éclat magnifique sur le trône où il est assis.

Plus il fut humble ici-bas, plus il occupe là-haut une place élevée, près du trône même du Christ.

Ut ex mari sol procedens,
Ita splendet Noster sedens,
  In superno thalamo :
Quantum hic fuit humilior,
Tantum ibi fit sublimior,
  Nixus Christi solio.

A Tierce.

O modèle de charité, blessé des traits de feu de l'Esprit-Saint ;

Obtenez-nous d'être ainsi blessés d'amour et d'être doucement consumés par les flammes de l'amour divin.

O exemplar charitatis,
Icte telis inflammatis,
  Telis sancti Spiritus ;
Sic amore vulneremur,
Ut suavissime crememur
  Tam beatis ignibus.

A Sexte.

O vous qui, préférant la croix aux honneurs, foulâtes ceux-ci aux pieds pour honorer celle-là,

Obtenez-nous de venir partager votre sort dans les palais éternels, pour prix de notre dévotion à la Passion.

Tu qui crucem coluisti
Et honores contempsisti,
  His illi posthabitis :
Nos colentes Christi mortem
Tecum teneamus sortem
  Templis in angelicis.

A None.

O vous qui fites vos délices du Saint-Sacrement, de cet aliment céleste dont la douceur surpasse toute douceur ;

Obtenez-nous d'avoir faim de cette manne divine pour que nous venions nous asseoir avec vous au céleste banquet.

Tu cui Sanctum Sacramentum
Suave fuit alimentum
  Omni cibo suavius ;
Pariter esuriamus,
Pariter ut veniamus,
  Quo fruamur dapibus.

Litanies de saint Alphonse.

SEIGNEUR, ayez pitié de nous.
Jésus-Christ, ayez pitié de nous.
Seigneur, ayez pitié de nous.
Jésus-Christ, écoutez-nous.
Jésus-Christ, exaucez-nous.
Père céleste, qui êtes Dieu, ayez pitié de nous.
Fils, Rédempteur du monde, qui êtes Dieu, ayez pitié de nous.
Esprit-Saint, qui êtes Dieu, ayez pitié de nous.
Sainte Trinité, qui êtes un seul Dieu, ayez pitié de nous.
Sainte Marie, conçue sans péché, priez pour nous.
Saint Alphonse-Marie, Modèle d'innocence et de piété dès votre enfance,
Préservé toute votre vie du péché mortel,
Contempteur du monde et de sa vanité,
Fidèle à la vocation divine,
Riche par la pauvreté chrétienne,
Patient dans les afflictions,
Doux au milieu des contradictions,
Brûlant de zèle pour le salut des âmes,
Fléau des hérésies,
Défenseur de la Foi catholique,
Apôtre des pauvres et des âmes abandonnées,
Consolateur des affligés,

Saint Alphonse, *priez pour nous.*

Saint Alphonse, habile à convertir les pécheurs, priez
   pour nous.

Guide sûr dans la voie de la perfection,

Qui vous êtes fait tout à tous,

Nouvel ornement de l'état religieux,

Défenseur de la discipline ecclésiastique,

Toujours soumis et dévoué au Saint-Siège,

Pasteur vigilant de votre troupeau,

Constamment zélé pour le bien de l'Église,

Gloire des Prêtres et des Évêques,

Miroir vivant de toutes les vertus,

Plein d'une tendre dévotion envers Jésus enfant,

Embrasé d'amour en offrant le Saint-Sacrifice,

Fervent adorateur du très saint Sacrement,

Pénétré de compassion en méditant les souffrances de Jésus-Christ,

Dévoué Serviteur de la sainte Vierge,

Favorisé des apparitions de Marie,

Ange, par votre vie toute céleste,

Patriarche, par votre sollicitude pastorale,

Prophète, par vos prédictions et vos miracles,

Apôtre, par vos travaux et vos succès,

Martyr, par votre austère pénitence,

Confesseur, par vos œuvres saintes,

Vierge, par la pureté du corps et de l'esprit,

Fondateur de la Congrégation du très saint
   Rédempteur,

Modèle des missionnaires,

Notre bien-aimé Père et Protecteur,

Saint Alphonse-Marie,

Agneau de Dieu, qui effacez les péchés du monde, pardonnez-nous, Seigneur.

Agneau de Dieu, qui effacez les péchés du monde, exaucez-nous, Seigneur.

Agneau de Dieu, qui effacez les péchés du monde, ayez pitié de nous.

Jésus-Christ, écoutez-nous.

Jésus-Christ, exaucez-nous.

℣. Priez pour nous, saint Alphonse-Marie !

℟. Afin que nous devenions dignes des promesses de Jésus-Christ.

PRIONS.

O Dieu, qui, par le bienheureux Alphonse-Marie, votre Confesseur et Pontife, enflammé de zèle pour le salut des âmes, avez donné de nouveaux enfants à votre Église ; faites, nous vous en prions, qu'instruits par ses avis salutaires et fortifiés par ses exemples, nous puissions arriver heureusement à vous. Par Jésus-Christ notre Seigneur. Ainsi soit-il.

Cantiques à Saint Alphonse.[1]

I.

Au firmament étendu sur nos têtes.

1. Au firmament étendu sur nos têtes,
   Le Tout-Puissant suspendit un flambeau,
   Pour embellir les œuvres qu'il a faites,
   De tout l'éclat de cet astre si beau. —
   O saint Alphonse, au ciel de son Église,
   Dieu t'a placé comme un brillant Docteur,
   Pour que ta voix nous dise et nous redise
   Tous les trésors qu'il renferme en son cœur.

Chœur : Allume en moi la flamme
   Qui dévore ton âme,
   Et remplis-moi de ton suave esprit :
   Alors, ô mon modèle,
   A tes leçons fidèle,
   J'irai partout faire aimer Jésus-Christ.

2. Astre du jour, tu réjouis le monde !
   Quand tu parais, ô soleil radieux,
   Et la montagne et la gorge profonde,
   Tout resplendit de l'éclat de tes feux. —
   O saint Alphonse, en ton âme brûlante,
   Ce n'est qu'amour et qu'immense ferveur ;
   Nouveau soleil, ta chaleur bienfaisante
   Répand partout l'amour du Sacré-Cœur.

(1) Extrait des *Trois offrandes au Sacré Cœur,* par un Père rédemptoriste. (Lethielleux. Paris.)

3. Coule, beau fleuve ; arrose, à ton passage,
   Le grand palais, l'opulente cité,
   L'herbe des champs, le modeste village ;
   Porte partout la vie et la beauté. —
   O saint Alphonse, ô fleuve intarissable,
   De ta richesse et de ta profondeur
   J'ai deviné le secret admirable :
   C'est que tu prends ta source au divin Cœur.

4. Le voyez-vous, ce père de famille,
   A son travail parti dès le matin ?
   Au firmament déjà l'étoile brille,
   Il sème encore, il sème à pleine main. —
   O saint Alphonse, avec quelle allégresse,
   Je t'aperçois prolonger ton labeur,
   Jusqu'aux confins d'une extrême vieillesse,
   Semant partout l'amour du divin Cœur !

5. Que je t'admire, abeille ingénieuse !
   Avec quel art tu sais mettre, en ton miel,
   Cette saveur pure et délicieuse,
   Qu'on croirait être un doux nectar du ciel ! —
   O saint Alphonse, ah ! que bien plus j'admire
   Avec quel zèle, avec quelle douceur,
   Ton éloquence excelle à nous redire
   Comme il est doux d'aimer le divin Cœur !

6. Daigne, mon Père, accepter cet ouvrage ;
   A ton enfant ton amour l'inspira ;
   Si tu veux bien en agréer l'hommage,
   J'ose espérer que Dieu le bénira.
   Faibles échos de la voix de mon Père,
   Puissent mes chants, reçus avec bonheur,
   Se répéter et réjouir la terre,
   En lui disant l'amour du divin Cœur.

V. Humarque, CSSR.

11.

Venez célébrer les louanges.

1. Venez célébrer les louanges
   D'Alphonse au séjour éternel ;
   Unissons-nous aux chœurs des Anges,
   Prions au pied de son autel.
   Alphonse ! oh ! que pure est ta gloire,
   Que grande est ta félicité !
   Jouis, jouis de ta victoire,
   Alphonse, pour l'éternité !

CHŒUR.

O saint Alphonse, aide-nous, je t'en prie ;
Sois près de nous à la vie, à la mort ;
Pour nous implore Jésus et Marie,
Afin qu'un jour nous partagions ton sort.

2. Dis-moi pourquoi Jésus te donne
   Tant de gloire au plus haut des cieux :
   Dis moi, pourquoi cette couronne
   Brillant sur ton front radieux ?
   Je le comprends, l'amour immense
   Dont tu brûlas pour le Sauveur,
   Fait aujourd'hui ta récompense,
   Fait aujourd'hui tout ton bonheur.

3. Grand Saint, notre illustre modèle,
   Comme toi nous voulons aimer.
   Du feu de l'amour et du zèle
   Viens aujourd'hui nous animer.
   Faites-nous, ô célestes flammes,
   Aimer Marie, aimer Jésus,
   Aimer la croix, aimer les âmes,
   Aimer ce qu'aiment les élus.

4. Toi qui règnes dans la patrie,
   Vois tes fils encore étrangers,
   Qui, sur le sentier de la vie,
   Courent sans cesse des dangers,
   Hélas ! tu sais ce que nous sommes,
   L'avenir est bien incertain :
   Ah ! demande au Sauveur des hommes
   Que nous l'aimions jusqu'à la fin.

III.

O saint Alphonse, apôtre de Marie.

1. O saint Alphonse, apôtre de Marie,
   Que je t'admire en tes pieux accents !
   Pour mieux louer cette Mère chérie,
   Tu sais trouver des secrets ravissants.
   Alphonse, écoute la prière
   De tes enfants du haut des cieux ;
   Toi qui peux tout sur le cœur de leur Mère, } *bis.*
   Daigne auprès d'elle intercéder pour eux. }

2. Ton cœur aima si tendrement Marie !
   Puissé-je aussi la chérir à mon tour !
   Demande-lui, demande, je t'en prie,
   Que je lui porte un filial amour.

3. Ton cœur si bien sut invoquer Marie !
   Mon cœur aussi veut l'invoquer toujours,
   Et comme toi, durant toute la vie,
   Dire et redire : O mère, à mon secours !

4. Elle t'aima, cette Mère chérie,
   Et te combla des plus riches faveurs.
   Implore-la pour que sa main bénie
   Répande aussi la grâce dans nos cœurs.

IV.

Célébrons par nos chants.

Célébrons par nos chants son triomphe et sa gloire :
Alphonse a recueilli les fruits de sa victoire,
     Alphonse au ciel règne en vainqueur.
     Après tant de craintes mortelles,
     Après tant de luttes cruelles,
     Il goûte l'éternel bonheur.

    1. Il règne, mais son âme
       Au terrestre séjour
       Ne connut d'autre flamme
       Que le divin amour.
       Alphonse, ô notre Père,
       Obtenez à nos cœurs
       De ce feu salutaire
       Les brûlantes ardeurs.

    2. Il règne, mais la vie
       Pour lui fut une croix,
       Et son âme meurtrie
       En sut aimer le poids.
       Grand Saint notre modèle,
       Faites que notre cœur
       Soit noblement fidèle
       A la croix du Sauveur.

    3. Il règne, mais sa Mère
       Secourut ses combats ;
       Une ardente prière
       Fut l'arme de son bras.
       Donnez-nous la constance,
       Alphonse, pour prier :
       Une humble confiance
       Seule peut nous sauver.

Table des Matières.

DEUXIÈME PARTIE.

Une dévote cliente de saint Alphonse.   113

TROISIÈME PARTIE.

Exercices de piété en l'honneur de saint Alphonse.

Tournai, typ. Casterman.

www.ingramcontent.com/pod-product-compliance
Lightning Source LLC
Chambersburg PA
CBHW072039090426
42733CB00032B/2001